世界級大都會

港深雙城的演化經濟地理學

王緝憲　著

商務印書館

責任編輯：楊賀其
裝幀設計：麥梓淇
排　　版：肖　霞
印　　務：龍寶祺

世界級大都會——港深雙城的演化經濟地理學

作　　者：王緝憲

出　　版：商務印書館（香港）有限公司
　　　　　香港筲箕灣耀興道 3 號東滙廣場 8 樓
　　　　　http://www.commercialpress.com.hk

發　　行：香港聯合書刊物流有限公司
　　　　　香港新界大埔汀麗路 36 號中華商務印刷大廈 3 字樓

印　　刷：嘉昱有限公司
　　　　　香港九龍新蒲崗大有街 26-28 號天虹大廈 7 字樓

版　　次：2023 年 7 月第 1 版第 1 次印刷
　　　　　© 2023 商務印書館（香港）有限公司
　　　　　ISBN 978 962 07 6701 2
　　　　　Printed in Hong Kong

目　錄

第 一 章

引言

2017 年由國務院正式提出了「粵港澳大灣區」的概念及發展戰略框架。從此，香港和澳門如何進一步融入珠江三角洲的發展，成為這個地區政治、經濟和社會發展的關鍵議題和內容。之後的五年，隨着相關議題、項目和研究越來越多，大灣區概念也越來越清晰，特別是關於三大核心城市——香港、廣州和深圳在這個區域的核心地位也越來越明顯。其中，香港和深圳是兩個陸路緊密相連的大都市，一直有人不斷討論深港兩地如何「同城化」，雖然中央政府三番四次地強調「一國兩制」五十年不變，而 2021 年底香港特區政府提出發展「北部都會區」讓人們看到兩地互動發展可能會進入一個新階段。那麼，到底今天這個局面是如何形成的？怎樣才能在今天的基礎上，找到一個比較理想的發展途徑，讓香港和深圳在未來的互動合作中都受益，並有利於整個大灣區的發展甚至國家的利益？我們也許應能從過去這兩個城市如何走到今天的過程中找到比較清晰的答案。

1.1 分析兩城發展的起源

1949 年中華人民共和國成立，英佔香港並沒有立刻回歸。在一個 1000 平方公里的彈丸之地，以自由港經濟體為本的香港，靠着香港人的勤奮和拚搏，在 1950 年代至 1980 年代的 40 年工業化期間崛起為亞洲四小龍之一，成為當時的「新興經濟體」的代表。

也是 40 年——從 1979 年國務院將寶安縣改制為深圳市，並在這個緊鄰當年英國管治下的香港的地方成立經濟特區，到 2018 年深圳國民生產總值 (GDP) 以美元計算正式超越香港。超越香港的不僅僅是 GDP。僅為香港面積兩倍的深圳，從設市接過的寶安縣 33 萬人 (1980 年)，到 2020 年 11 月 1 日，常駐人口高達 1756 萬人 (第七次全國人口普查數據)，已經比香港人口 (745 萬，2020 年) 多 1000 萬有餘。精彩的是，仍然有很多青年人才源源趕來，加入這近 2000 萬人口、超高密度的城市發展未來。

世界上雖然有很多所謂「雙子城」(Twin City) 的地方，但兩個相鄰大都市在 70 年的跨度裏如此快速崛起和成長，而且是在一個幾百萬人口的大城市身邊長出一個近 2000 萬人口的超級大都市，這絕對是人類歷史上的獨一無二。更令人叫絕的是，兩個城市之間由一條實行「一國兩制」的硬邊界相隔，確保兩地不同，並通過有限往來，形成高度互補。

有人認為，香港的成功，是因其得天獨厚的港口條件。事實上，有這樣條件的地方很多，比如福建的莆田、山東的日照、廣東的湛江。有人認為，深圳的成功是因為成為改革開放試驗區的經濟特區。廣東的汕頭也是，不過至今為止與深圳的差距越來越大。有人認為，深圳是依託香港的優勢和與香港的密切往來。的確，鄧小平先生當年極其遠見卓識地決定在香港旁邊建設特區，就是為了充分利用香港，成為中國接近和走向全球市場經濟體系中的關鍵策略。這是在內地當時的

計劃經濟板塊的邊緣，開闢了一個試驗田，引進市場因素，並**承接**和發展在香港已經證實了的成功。前面提到香港成功的 40 年和深圳成功的 40 年，其中有 10 年，即 1980 年代，是重疊的。就是這個承接期。

不過，並非貼在成功城市邊上發展，就能成功。馬來西亞的柔佛就在新加坡身旁，每天數十萬人騎摩托車往來，也沒見它像深圳這樣崛起。顯然，單一因素解釋不了香港和深圳的演變，更解釋不了為甚麼兩個大都市會的經濟可以在「一國兩制」的環境下差異化發展，先後成功。

當然，應該不會有人忽略中國改革開放和經濟起飛這個歷史大背景對這兩個城市的決定性影響。不過，從中微觀的地理角度觀察，深圳特區成立以來的 40 年，城市發展中心一直在它的南部，雖然在從東向西地移動：羅湖／福田 —— 南山／前海。與此同時，香港也一直把它的發展核心區努力保留在維多利亞港周圍：港島北的中環、灣仔、銅鑼灣，九龍的尖沙咀、啟德、觀塘，2015 年再提出在港島和大嶼山之間填海造地的「東大嶼山」都市發展策略。有深圳規劃人形容，深圳用臉去貼香港，結果香港給了個後腦勺。

2021 年 10 月，時任特首林鄭月娥在最後一份施政報告中正式提出「北部都會區」概念，把北部兩個行政區共 300 平方公里的土地劃入，規劃在 2030–2048 年期間，把人口從目前的 95 萬增加到 250 萬，並在這裏新增 25 萬就業崗位和 90 多萬套住房。從隨後規劃署發佈的《北部都會區發展策略》看到的細節說明，這將是香港有史以來（而不是 1997 回歸以來）第一次大規模開發接近北部邊界的地區，從空間上出現了一次歷史的**轉折**。

中國有句成語 —— 起承轉合，是用來形容一個好的故事，一篇好作文，一齣好的戲劇，往往由這樣四個階段組成：起、承、轉、合。有意思的是，香港和深圳這對城市的發展故事，剛剛用了 70 年的時間，

走過了（香港崛）「起」、（深圳）「承（接）」的兩個階段，來到了「轉折」的關鍵時點，將迎來幾十年「**整合**」的時期。

我相信，這次的「轉」，對港深兩城未來發展是決定性的。不過，《北部都會區發展策略》給出的仍然不過是一個願景：香港把身子轉了過來，臉對着深圳的臉；至於香港打算如何與對方交往，在交往中是矜持還是豪爽地應對深圳的主動，都是未知數。這在很大程度上取決於兩位多年來形成的「人格」，當然也受到「家庭背景」和「社會環境」的約束和影響。

誠然，現實世界不是戲劇，不可能按照導演的意願編排。人類對世界的認知其實很有限：上千名科學家用了三十年時間才證明了人類活動「有95%–100%的概率」是近半個世紀地球表面溫度上升兩度的原因！然而，我們仍然希望知道今後港深關係會如何發展，因為它不僅關係兩千多萬人口的生計，更通過粵港澳大灣區與整個中國未來的進程密切相關。例如，如果2050年港深都會圈不能實現碳中和，整個大灣區就無法達至碳中和目標，國家對世界的承諾也有可能落空。因此，回答這個核心問題也就成了本書的初衷：究竟「一國兩制」下的港深兩制雙城將如何演變下去？

看清現實，最重要的是有合理的觀察角度和分析框架。筆者認為，近年流行起來的「演化經濟地理學」（Evolutionary Economic Geography）的思維方式很適合。所謂「演化」，是從生物學引入經濟學，然後再引入經濟地理學的概念。演化是一個發展、自我改造、震盪後自我組織的過程，表現為很長的一段時期內會產生有序的繼承事件。與傳統經濟學不同，演化主義主張不確定性、非線性、偶然性以及不可逆性。它在經濟分析中放棄了傳統微觀經濟學中的最優化，承認歷史或者過去帶來的「路徑依賴」（Path dependence），包括「技術路徑依賴」和「制度路徑依賴」，地理學者更加入了「地點依賴」（Place Dependence）。

整體上，這種分析框架注重對過程的分析，而不是以「最優」目標導向的純理論結果分析，因此演化思維可以用發展的眼光看待未來的多樣性。由於一個具有一定規模的社會或者經濟「過程」必然發生在特定的時間和特定的空間，因此，演化經濟地理分析可以用在比較微觀的，比如一個創新工業園區的成長分析，也可以用於比較宏觀的，比如一個地區社會經濟演變的過程。重要的在於把握（1）特定時間範圍、（2）特定空間尺度、（3）發展動因、和（4）約束條件／環境一起組成的動態過程。

港深兩個相鄰城市發展的起承轉合，有着相當清晰的時間範圍和空間尺度。正是因為兩個城市有明顯的發展動因差異和約束條件差異，以及所處的地理位置和發展階段不同，才出現了世界獨一無二的「起」、「承」，並走到了今天的「轉」。

由於存在「路徑依賴」、「制度依賴」和「地點依賴」，對港深動態關係理解的深度，將決定對這個兩制雙城大都會未來走向判斷的可靠性，從而制定出更合理的向期望方向發展的對策。

1.2　雙城比鄰分析簡介

本書的第二章是理論構建部分，向讀者介紹用以分析香港和深圳這兩個城市如何發展、演化和互動的基本理論：演化經濟地理學。「演化主義」來源於生物學，而經濟地理學中的演化分析來自經濟學。這方面比較多的應用在產業空間，特別是高科技園區方面的分析，用於城市和區域分析的很少。演化分析有幾個重要論點，包括路徑依賴、制度依賴、地點依賴等。這種分析會關注不同的演變過程，區分「突變」、「重複」，「移植」和「變異擴展」。這章除了儘可能通俗地解釋這些概念外，還提出了作者個人對於港深「兩制雙城」這個特例的分析框架：

「時間—空間—比較環境—市場選擇」。其中，對「比較環境」的基礎觀念做了比較詳細的定義。

第三章將用比較短的篇幅，回顧港深地區「起承轉合」的「起」點 —— 解讀香港經濟起飛的基本事實、主要特徵、動因和約束條件及特定政治經濟環境，特別是香港作為「亞洲四小龍」的崛起及其以後的發展。這是全書的一個背景鋪墊。緊接着的第四章寫深圳這個「承」的起點，即深圳特區確立「兩制雙城」的特殊軌跡。本章以深圳起步為重點，用「時間—空間—比較環境—市場選擇」架構解讀，深圳發展的時機、設置的地理特點、初期與香港的巨大差別所在，例如內地投資和人員湧入、甚至工程兵的貢獻。在「約束／環境」方面，討論了當時中國宏觀體制尚未轉變、深圳屬於先行先試，及當時意識形態的約束。作為案例，分析了招商局和袁庚從港口做到工業區再做到城市（「前港中區後城」的例子的前半部分適用於此）的過程，並通過不同事件的時序（比如蛇口出口加工區的開建早於深圳經濟特區的出現）揭示深圳自身演化的特點及與香港的關聯。

從第五章開始的六個章節，是演化分析港深互動關係的核心部分。第五章分析的是 1980 年代開始的產業轉移與擴張，這是港深地區演化進程中唯一一次演化意義上的「移植」。這方面雖然有大量史實和文獻，但真正把着眼點放在兩個城市的關係上的極少。要揭示的不僅僅是產業轉移和擴張以及前店後廠模式的形成，而且是在這個過程中出現了一些既意料之中，又出乎意料的地方。

第六章解讀深港是兩個處於同一個市場，但處於不同階段、具有不同目標的兩個城市。市場經濟擴張中，港深政府的本質差別和發展階段差異導致了各自城市的發展特徵。其中，除了香港經濟轉型和深圳成為製造業重鎮導致的經濟結構重大差異和社會制度的不同，更有人口結構、城市管理體制、高等教育以及與內地其他地方的關係上的

差別。

第七章專門討論兩個城市的一個共同特點：超高密度城市化。港深有一個共同特點：建設用地供應不足，雖然原因不盡相同。「照貓畫虎」，這裏不是貶義詞。貓是比較小的香港，虎是面積為香港兩倍的深圳。深圳在城市規劃和建設方面，有很多借鑒香港的地方。然而，由於經濟發展超快，而且沒有甚麼實質上對移民的限制，人口也一直在快速增長。這造就了在深圳，有很多香港甚至世界其他地方都沒有出現過的現象。例如：

1. 與香港和很多成熟城市不同，深圳在短短的 40 年間，除了快速城市化，其城市核心區一直在轉移。而很多地區已經「老化」，開始了「舊城改造」。只要深圳不通過合併周邊城市，其今後的發展已經完全進入了所謂空間「存量」能力挖掘階段。相反香港雖然近來被人指責推高地價政策，卻 150 年來僅開發了 28% 的土地，給今後改善土地供應留下了餘地，還有「增量」空間。

2. 大規模的超高建築。深圳是世界上擁有最多高度 200 米以上摩天大樓的城市，而且高度集中在三個區域 —— 南山區、福田區和羅湖區。

3. 其中的南山區，並非金融中心，也不是傳統中心商業區（CBD），而是高科技公司聚集地，形成世界獨一無二的「高密度矽谷」。

第八章是一個相對關鍵的章節，討論港深之間跨境的人員、物流、金融、信息流動及其約束條件的變動，即在「一國兩制」這個特定的約束條件下，兩地是如何互相依託，長成今天這個奇特的雙子城的。深

究這方面政府政策的變動，法規的調整，對照實際上這四個方面的跨境流動，可能可以為今後港深合作發展帶來重要啟示。似乎至今為止，這方面尚未有全面的分析。本書嘗試尋找盡可能完善的資料，做一些實證分析和解讀。

第九章是對於過去 40 年港深兩個城市與其外部環境的關係做一個分析和總結。所謂外部環境，特指自從深圳市出現以來，香港和深圳在中國的角色以及國家給予的特殊政策。這方面，本人在這裏提出一個新概念：比較環境 (Comparative Environment)。深圳之所以是深圳，其特別之處，就在當年建立特區的時候，中央政府給予的特殊政策環境。然而，這個環境的特殊性是相對的，即是一種「比較環境」：與內地甚至廣東省的其他城市相比，它有三個特殊的「身份」：國家級經濟特區、沿海單列市、與當時已經進入發達經濟的香港有開放的陸路連接口岸。這個比較環境，就是 1980 年代起，大量資金、人才、勞工和企業湧入深圳的根本原因。同時，香港也有自己的「比較環境」——普通法基礎上建立的自由港，而且一直就在南中國，長期與中國內地保持緊密關係。這種與中國內地包括今天的香港不同的環境，是 1840 年香港開埠以來，成為海外與中國資金聚集、人員聚集，逐漸從「門戶經濟」走向金融、物流、貿易樞紐的基礎。兩個城市的人才和成功的企業，兩個城市成為世界級都市的成功，都是在「比較環境」建立之後出現的。這就是路徑依賴、制度依賴和地點依賴的邏輯。而香港和深圳這兩個「比較環境」之間有一個「環境級差」(Environmental Differential) 關係，這個級差，是由「一國兩制」硬性鎖定的。這個鎖定並不是簡單的以社會主義還是資本主義的劃分所規範的。這一章將會討論和提出的是，為甚麼過去 40 年深圳的成功、港深互補式發展是以這個「環境級差」為基礎。如果這一點可以確立，就為今後繼續長期實行「一國兩制」提供了理論基礎。同時，過去 40 年這個「環境級差」並非鐵板一塊，

而是一直在調整。這個調整不僅在港深之間存在，深圳與內地其他地區也存在「環境級差」的調整，例如廣東省自由貿易試驗區的出現、澳門授權主導珠海橫琴區的發展等等。

從更大的地理尺度看，全球範圍內也不斷出現由多國政府一起製造出的「比較環境」。「區域全面經濟夥伴協定」(Regional Comprehensive Economic Partnership (RCEP)) 的出現是最近期的例子。不同的區域自由貿易協定之間存在投資和貿易環境的「級差」。它們的制定和演變，例如與 RCEP 高度相關的東盟之演變和擴張，背後有特定的政治和經濟意圖、成員國家的「最大公約數」等因素決定和驅動。通過建立或者進入特定的「比較環境」，爭取人才、投資和發展機會，已經成為世界潮流。當然，這方面失敗的例子也比比皆是，很多開發區結果都是不了了之。國際上，「跨太平洋夥伴關係協定」(Trans-Pacific Partnership，簡稱 TPP) 也沒有成功。因此，這個「比較環境」，並不是環境決定論，而是特定區域範圍內，人為選擇如何發展的一種非物理的基礎。它旨在造成區域內外的「環境級差」並讓區內國家或城市從中受益。這種級差太大或者太小，或者不適合該區域內各個個體單元的發展水平和社會與政治特質，都可能是不成功的原因之一。

這個總結之後還有兩章，討論今後的發展可能性。第十章討論起承轉合中的「轉」的起點：香港北部都會區與深圳前海合作區。本章專門討論香港近期的最新進展、新舊問題，以及基於路徑依賴的可能選擇。這部分的重點，是關於前海、北部都會區的規劃與建設問題。另外一個重點，是香港政府架構面臨調整的問題。本章也會評論近期一些在內地特別是深圳比較流行的相關看法。哪些會受到路徑依賴的影響？如何突破？其中一個重要的問題在《國安法》之前已經出現：深圳

在國際分工進入平台化（所謂 Wintelist[1]）以及跨境電商出現後，對香港中介企業的依賴逐步減少。

最後的第十一章，集中探討港深兩個城市進一步合作的種種問題和可能，特別是前面提到的四個流通（人員、物流、金融、信息）。另外，這兩個城市與整個粵港澳大灣區的動態關係，也是一個討論的內容。這裏會強調一個內在邏輯，即大灣區是相對比較虛的概念，實現大灣區的目標，具體要看每個城市自身的動力。因此，相對於港深之間深層次互動的增加，大灣區提供的「比較環境」有較大的局限性。對香港影響最大的毫無疑問是深圳的未來。同時，對深圳而言，大灣區似乎重要性更大，特別是與其有緊密產業鏈往來的東莞、惠州。

兩制雙城的港深是否可以通過互相嵌入發展，形成某種城市創新，製造出新的「比較環境」？

這一章給出了過去 180 多年內兩個城市演變的時序圖（圖 11–1），這也是本書的一個總結性表述。雖然從經濟結構上，兩地在「各奔前程」，但確實不僅可以而且應該有更高的互補性，走出一條「合（作）而不同（城）」的道路。在這最後一章中，本人提出了一個關於未來合作發展的一個可能「劇本」（Scenario），並提出了六點政策建議。

這個引言對各章節的介紹，目的是讓讀者選擇讀哪一部分，跳過哪些，或者按照自己的習慣，讀完結論再看分析和理論。不過，城市的演化則不可以隨意翻轉，它會遵從「路徑依賴」、「地點依賴」和「制

---

1 這是指 1990 年代在 IT 界出現的一種現象：企業之間的縱向聯繫不如橫行聯繫密切，因為通過互聯網及上面的各種平台的信息和技術交流讓企業間的創新過程變得更有效率。深圳無疑是其中的一個例子。參見 Enda Brophy. "Review: From Silicon Valley to Shenzen: Global Production and Work in the IT Industry." Work Organisation, Labour & Globalisation, vol. 8, no. 1, 2014, pp. 104–06. JSTOR, https://doi.org/10.13169/workorgalaboglob.8.1.0104. Accessed 1 Mar. 2023.

度依賴」變下去，而且既可能重複以前的過程、發生特定的變異擴展，也可能發生突變。這正是為甚麼我們可以從中得到未來發展啟示的原因。

第 二 章

理論構建與分析邏輯：
演化經濟學方法的解釋與借鑒

深入分析港深互動成長的關係，最難的是尋找到一個恰當的切入角度。我們常用「盲人摸象」這個成語比喻人們常常會因為僅僅看到了事物的局部而形成錯誤的認知。然而，即使我們不是盲人，而是手握最先進的全幅相機，環繞大象拍攝，得到的仍然不過是大象的體態和外觀。想得知大象的習性，或者想了解大象體內的構造，還要靠其他不同的途徑或手段。那麼，面對這兩座生於不同時代、卻又存在共生關係並且越來越互相依存的城市，甚麼是可以幫助我們了解其成長過程的最佳手段？

我找來了演化經濟學和演化地理研究作為借鑒。演化經濟學 (Evolutionary Economics) 不是廣為人知的主流經濟學內容，演化經濟地理學則更少人了解，至今為止的研究也基本不涉及城市發展研究領域。因此，我需要在這裏用一個章節做一些介紹，並且將它們做一些延伸，建立起我自己分析港深起承轉合的框架。

2.1 何謂演化經濟學和演化地理研究

演化經濟學的提出，可以追溯到 19 世紀末。著名的制度經濟學家凡勃倫在 1899 年就開始了就經濟學為甚麼不是演化科學的討論[1]。戰後很長的時間裏，越來越計量化的新古典經濟學成為了主流。演化經濟學是近半個世紀才重新抬頭，並受到越來越多的重視。

從本體論上，演化經濟學與過去幾十年一直作為經濟學主流的新古典經濟學的最本質不同，是前者跟從了生物學的思維綱領，而後者則跟從了物理學的思維方式。所謂物理學思維方式，是相信：所有表像上變化的自然現象均可歸入到若干特質恆定的類別中，每一個類別和其他本體截然不同；事物是穩定且先驗存在的，一切變異是偶然的、互相無關的，因而基本類型和其所代表的個體之間的差異是完全可以忽視的。而生物學的思維綱領，是認為「變」本身才是唯一的「宗」，因為生物的進化是不可逆的，過程是非均衡的，具有對演化路徑的依賴性。因為路徑依賴，差異化的發展有必然性，或者可以被視為一種甄別的機制。於是，演化經濟學最關注的是過程本身，而且，因為演化可以產生「新奇性」（Novelty），也譯作新事象。即是說，在經濟、社會、科學和藝術的整體中，可能會出現一些作為個體部分時本身不具有的屬性，這就是所謂「突現特徵」（Emergent Properties）。這些突現特徵或行為只在更大的整體裏面的各個局部互相作用時才出現。這種新事象的出現，是不確定性和累積因果造成的。它們體現了社會發展的不可逆、多元化、不確定。類似於生物學的演化過程，這種新事象可以起因於內部，也可能是外因造成。

1　Veblen, Thorstein B. (1898) "Why is economics not an evolutionary Science?", Quarterly Journal of Economics, 12(3), July, 373-397.

演化經濟學主要代表人物之一的霍奇遜（Geoffrey M. Hodgson）認為，除了新奇性和演化過程不可還原（即「反還原論」）以外，「生物學隱喻」（Biological Metaphor）是第三個演化經濟學思維對特徵。

所謂生物學隱喻是指生物學領域觀察到的生物演化與人類社會的發展的相似性。很多演化經濟學者認為，經濟系統更接近於生物系統而不是機械系統。因此，有充足理由構造更類似於生物學而不是物理學的思維框架，去分析經濟發展。甚至被霍奇遜劃在演化經濟學家之外的馬克思，在其《資本論》第二版的「跋」當中，也曾正面地引用了一位俄國作者的評論：「經濟生活呈現出的現象，和生物學的其他領域的發展史頗相類似⋯⋯舊經濟學家不懂得經濟規律的性質，他們把經濟規律同物理學規律和化學規律相比擬⋯⋯」。經濟系統嵌入在人類的政治、文化和社會中，共同構成了一個複雜的開放性系統。與生物系統類似，經濟系統不僅在各要素之間、系統與系統之間存在着複雜的結構和因果關係，各系統的變化都呈現連續性和極大的多樣性。社會經濟現象的變化與有機體的生物過程都存在起伏衰減和新事象的出現，都包含了無序和有序的交互作用，都處於混沌與秩序之間。如果有甚麼不同，就是人類不僅會適應環境，利用環境，還會做出主動的選擇，製造工具、創新，並改造環境，雖然這些改造有得有失，而且從長期看，並不一定都是有利於人類的選擇。

演化經濟學近幾十年的長足進步，讓經濟學逐漸接地氣：經濟系統的演化被放到了特定的時間和空間，特定的歷史階段和地理位置（國家、地區、城市）之差別給經濟系統和制度帶來影響甚至出現新事象，不再是偶然，而是某種累積因果關係。這一點吸引了地理學界的關注。本世紀以來，經濟地理學相對零碎和初步的演化經濟地理學思路逐步

匯集成了演化經濟地理學派[2]。這些主要是歐洲的學者，他們引進路徑依賴等演化經濟學的分析路數，研究的熱點在於現代產業特別是科技企業的演變，包括集羣和網絡，試圖解釋企業聚集在某些特定的區內共同演化（Co-evolution）之過程的原因和機制。力圖通過對產業集羣和網絡化如何導致企業產生創新的研究證明，路徑依賴，不僅是時間上的，也是空間上的。

　　經濟地理學界採用這種研究路數的主要是工業地理學者用來分析企業、行業以及他們所在的工業區域及相關網絡的演化，基本不以城市為焦點。而城市研究者似乎仍然延續着他們自己的方法，畢竟，城市研究從來不缺乏基於城市發展史的解讀。城市研究大致上可以分為以下幾大類。一類是看城市本身作為人類活動聚集地的演變與發展，如 Monica L. Smith 從人類學角度回看過去 6000 年的新作[3]，或者如 Michael Matty，展望創意無限、具有多層次體系城市集羣形態的未來城市[4]；第二類是分析城市功能的，比如 E.Wilson 從社會文化角度看城市擴展中女性、少數族裔等不同階層人羣的地位[5]；或者從經濟角度，例如 J. K. Brueckner 等人關於城市蔓延背後的經濟理論[6]，或者從建築、設計、規劃、空間型態角度，如 Kevin Lynch 對城市形態的好壞判定[7]；第三類是把城市看成一個體系或者系統，分析一個地區、一個國家或者

2　Boschma and Martin 2010

3　Smith, Monica（2019）Cities: The First 6,000 Years, Simon Schuster UK.

4　Michael, Batty. (2018). Inventing Future Cities. MIT Press, USA.

5　Wilson, Elizabeth, (1991). The Sphinx in the City: Urban Life, the Control of Disorder, and Women, University of California Press, USA.

6　J. K. Brueckner and D. E. Fansler. "The economics of urban sprawl: theory and evidence on the spatial size of cities." Review of Economics and Statistics 65(3): 479-482. (1983).

7　Lynch, Kevin (1981). A Theory of Good City Form. MIT Press, MA, USA.

整個世界城市化過程，如 Saskia Sassen 關於全球化與世界城市的關係[8]，Peter Taylor 關於世界城市的層級體系[9]；第四類是以單一城市為對象的解讀，當然，這類的研究的角度和內容包羅萬象，涉及特定城市的方方面面，如著名的 Jane Jacobs 對美國大城市特別是紐約的深度的人文主義解讀[10]。

雖然城市研究可謂多學科多角度多產出，但以類似演化經濟學或經濟地理學的路數分析城市，特別是分析兩個大城市互動發展的，本人尚未見到。相信除了上個世紀對社會達爾文主義的不屑，大概還有兩個原因：一個是城市研究者跨界涉獵演化學說後再借鑒並引進到自己熟悉的研究領域，阻力重重，畢竟演化經濟學本身也仍然在成長中，演化經濟地理則仍然在初創階段；第二個原因是，至今為止無論演化經濟學還是演化經濟地理學，大多數研究都把企業視為經濟活動的基本主體和分析對象。其實，演化理論與傳統新古典主義微觀經濟學理論的差別之一，就是認為整體不等於個體的疊加和總和，也即是說，在每個層面，從個人、企業到城市、國家，都會有該層面才具有的特徵和性質。城市完全應該成為演化分析的一個層次，而且其空間依賴的特徵和累積因果關係鮮明。

香港與深圳這一對「兩制雙城」已經成為今後幾十年世界上最具活力的大都市圈 —— 粵港澳大灣區的核心。這裏需要更多投入，以便更深入了解這兩個城市過去和現在的各種關係，特別是在特定的一國兩

8　Sassen, Saskia (2001) The global city: New York, London, Tokyo. Princeton University Press, New Jersey, USA

9　Taylor, P., & Derudder, B. (2015). World City Network: A global urban analysis (2nd ed.). Routledge.

10　Jacobs, J. (1961). The Death and Life of Great American Cities. New York: Random House.

制下形成的經濟關係。

2.2　新事象：用演化理論分析港深關係的原因

　　上一節介紹的演化理論，其中的核心觀點，比如承認演化過程中出現新奇性或新事象雖然貌似偶然，但其出現並在「路徑依賴」下，導致後來的發展與其他地方（或系統）不同又屬這種本體邏輯，對港深的演化非常有解釋力。習慣上，在談論香港問題、香港前景時，人們總是把一國兩製作為基礎與核心。類似的，當議論深圳的發展時，人們總是把 1980 年成立經濟特區，深圳成為中國改革開放的先行先試的先鋒城市，作為起點和基礎。但當我們把兩者放在一起的時候，才會注意到，1979 年，即中國改革開放後的第二年成立深圳市以及後來深圳特區在 1980–1990 年代的成功，是後來在香港實行一國兩制的重要鋪墊和依據（我們後面的章節還要更仔細地討論這個過程）。

　　也就是說，1978 年中國從效率低下的計劃經濟開始走向市場經濟時，成立深圳等四個經濟特區（三個在廣東，即深圳、汕頭、珠海，另一個是福建廈門）作為先行先試的城市，是在中國內地體內演化出了第一個具有新奇性的新事象。在此以前，世界上沒有計劃經濟體系「長出」為了對接國際市場貿易的先例。而在這四個特區當中，發展最快最成功的就是比鄰並依託香港的深圳。而「一國兩制」這個具有超級政治智慧和創意的構思，是隨着而來的第二個新事象。我們後面章節的分析會指出，這第二個新事象（一國兩制）的出現，與第一個新事象（計劃經濟體制下出現經濟特區）是有密切聯繫的，因為深圳特區在很大程度上證實了香港對社會主義中國的意義。

　　這兩個經濟制度上互相關聯、地理空間上零距離的「新事象」，是這 40 多年來深圳高速崛起、香港經濟徹底轉型、先快後慢，進入後現

代社會的基礎。而這兩個相鄰但又處在不同社會制度之下的城市高度互補（參見第 6-11 章）所形成的雙城產業結構，走出了一條獨一無二的道路。而演化理論中的「路徑依賴」、「空間依賴」告訴我們，這一城市組合的未來，也必然繼續獨特。中國有句老話，「三歲看八十」，形容遺傳基因所表現出的個性會延續一生。雖然話是誇張了一些，但是從基因和成長經歷形成的積累因果，判斷一個人未來的發展，比泛泛地以「一般規律」去推演，應該更靠譜。這同樣適用於對港深雙子城的演化分析。

2.3　本書的分析框架：「比較環境—市場選擇—過程識別」

雖然前面兩節已經簡單介紹了甚麼是演化經濟學、演化經濟地理學，並解釋了為甚麼要以演化分析的路數來解讀港深互動發展的「起承轉合」，但是，現有文獻並未提供可用分析框架，因為把兩個相鄰相通但具有不同社會制度的大都市作為物件的演化研究，這是第一個。這個物件使得本研究既不是純經濟學的，不是純地理學的，也不是傳統意義上的城市研究。**本質上，這是一個關於不同政治經濟制度，在同一個地域範圍互相影響過程之下，一個演化制度地理學的研究**。因此，需要自己的分析框架。

首先，作為演化分析，宏觀上，「路徑依賴」和「空間依賴」可以構成一個基本的框架，即同時考察發展時間軸和城市空間及其所在區域的變化。設立自由港（香港）、撤銷寶安縣成立深圳市、深圳經濟特區，（香港）一國兩制、廣東省自貿區前海片區，香港北部都會區，都是具有時間、空間的標志性事件。我們後面的分析證明，它們的出現，本身就是「路徑依賴」和「空間依賴」的後果，同時也產生了進一步的路徑依賴和空間依賴。

其次，在考慮這個雙子城演化的動力來源和約束條件時，我們以「比較環境 —— 市場選擇 —— 演化過程」這兩者作為演化機制的框架。先說「市場選擇」。現代城市的起步和發展，需要巨大的投資，而其本身投資價值的大小，也是資金「金主」或投資者（包括企業、政府和個人）開發一個新的城市或者擴展現有城市功能和空間的最大動力。從短期看，這種投資可能發生在錯誤的地點，也可能選擇了不合適的時機，形成「鬼城」，或成片的爛尾樓。但從演化分析的角度，這些都屬於試錯過程的一部分。從中長期看，投資和人員不斷聚集到（或離開）某個特定城市，可以看作是一種中觀的市場選擇，或者超級的綜合功能「集羣」。關於城市是再生產以外的資本增值對象和資本尋租對象，新馬克思主義地理學家大衛哈維在這方面有精彩的理論[11]。

在用「市場選擇」這個詞的時候，我們並非將市場這個詞限制在投資市場，而是泛指對參與相關城市開發建設，包括來這裏工作的企業或者個人選擇。無論 1940−1960 年代以各種方式來到香港的人士，還是 1980 年代起來到深圳工作的人士，這數以百萬計民眾的選擇，在這裏也可以看做是市場選擇，包括一些被動選擇的情況。

城市發展過程中不僅有市場選擇，還有管理制度的選擇。每個現代城市都在政府管理之下。除了極其少有的城市國家（City State），比如新加坡這樣的「城國合一」，城市之上通常有多級政府，例如省政府、州政府、國家。從世界範圍看，深圳和香港在這方面都相當特殊。深圳設市不久，就被列為 14 個「沿海計劃單列城市」之一，既在行政上隸屬於廣東省，又在財政上獨立，而且具有某種「副省級」城市的待遇。

---

11 Harvey, David. "From Managerialism to Entrepreneurialism: The Transformation in Urban Governance in Late Capitalism." Geografiska Annaler. Series B, Human Geography, vol. 71, no. 1, 1989, pp. 3–17. JSTOR, https://doi.org/10.2307/490503. Accessed 7 Feb. 2023.

更有甚者，深圳市內部，參與廣東省自由貿易實驗區的，包含了南山區的蛇口，而這個區域並不是由深圳市政府直接管理，而基本上是由央企之一的招商局自治。與蛇口一河相隔的香港，在 1997 年回歸祖國以前，屬英國殖民管治地區，但其與清朝訂立的不平等條約中的新界又不同於之前割讓的港島和九龍半島。回歸後，香港實行「一國兩制」，又創出了世界獨一無二的國家與城市關係。而與內地城市比較，香港特別行政區雖然名字裏有個「區」字，貌似比市還低一級，其實在中國的行政級別中卻屬於省級。

如此複雜和多層次的政府對城市的管治，可以用「比較環境」(Comparative environment) 來概括。這是筆者獨創的一個詞彙。它的含義是：政府可以通過其權力，為某個實體空間或者區域，甚至城市，制定某種政策或創造某種社會環境（內地有時候將某些特定的特別政策區稱為「平台」），而該環境創造的初衷，就是為了讓潛在參與者在將該環境與其他地區或城市比較後被吸引。這種特定的環境需要在至少一個重要方面，比如貿易關稅優惠或特定產業的鼓勵政策，與其他空間（包括園區、行政區甚至城市）不同。這樣，一個特殊的區域與其他一般區域比較，或者與其他特殊區域比較，就製造出了一個不同的「環境」。對於城市這個級別的空間而言，這種環境不僅限於營商，也可以或者需要與非商業活動的發展有關，比如大學、醫院；環境差異當然也可以是基本的社會制度，比如司法體系。創造這種環境的動機也並不一定是出於營商考慮，也可以是宏觀政治策略的一部分。

中國改革開放 40 年來，從計劃經濟到市場經濟的過渡中，各級政府設立各種園區作為特殊政策環境招商引資，可謂一個使用最普遍的手段，雖然成功的不少，但失敗的案例也比比皆是。可以說，製造各種「比較環境」，已經成了各級政府主動參與經濟的一個習慣動作。之所以稱之為「比較環境」，是因為其成敗，往往取決於其投資者和參與

者能不能在如此製造出來的空間裏，獲得與其他地區的比較優勢。這種優勢不僅帶給投資者收益，也是城市進一步成長的基本動力。不過需要指出，比較環境本身仍然不構成實際的比較優勢，因為人為創造的比較環境是否適合未來的發展，並不是由創造出的區域差異構成，而是要由需求方確認其適合性，並在這個環境中發展成真正的優勢，而這個需求方，來自比較環境的外部，所謂優勢就是在與外部交流中獲得更大的收益。

一個位於一個大國或者全球化以後的國際大家庭中的城市，縱然有一個通過人為設置的比較環境，如何演化出自己的優勢？這方面，演化經濟學和演化經濟地理學的主要理論基礎之一來自熊彼得的創新理論。像傳統經濟學一樣，演化理論同樣以企業為基本單位，但最關注的不是成本，而是企業家精神，以及由此形成的某種破舊立新的氛圍。這種氛圍會漸漸形成由一堆這樣的企業家和企業有競爭力的聚集或集羣。比如美國加州灣區的高科技產業聚集。單單有技術創新並不一定可以成功。演化經濟學派認為，不同的行業在特定的時期可以有不同的資本回報率。特別是在特定時期，某些行業可以有生產規模回報率遞增的情況，譬如 1980-90 年代的電腦行業和本世紀互聯網和通訊設備行業的情況。這種行業被稱為「熊彼得行業」。如果一個區域具有一個這樣的優勢行業，資本和人才會進一步流入，強化它的優勢。

不過，與生物進化論的看法一致，演化經濟地理學者同樣認為，「新奇」或者創新事物的產生有偶然性：我們無法事前預知在何時何地會產生哪個具體的創新並導致相關行業出現規模回報遞增的情況。然而，一個具有特定優勢的行業在某個地點產生，又的確有「路徑依賴」和「地點依賴」這種發展過程中的必然性。這個必然性來自何處？

楊虎濤在評論用演化經濟學方法分析現實世界存在的問題時指

出[12]，雖然該方法有利於找到「熊彼得行業」，但缺乏對產生和形成該行業優勢的外部環境的分析，因此提出應該將「資本基礎」與「制度基礎」納入分析框架。恐怕因為楊並沒有確定他描述的範圍具體是甚麼空間範圍，例如是國家還是城市，因此他沒有進一步討論他所謂的資本基礎包括甚麼，制度基礎又涵蓋了哪些內容。但他這個評論完全可以用來構成我們分析港深兩個特定「比較環境」的框架。

如下圖（圖 2-1），「比較環境」有兩個基礎，一個是資本基礎，一個是制度基礎。熊彼得行業或者說具有競爭優勢的核心產業或者行業，是在具有特定資本基礎和制度基礎上形成的。資本基礎和制度基礎是形成該行業的必要條件。而該行業到底是如何成功的，由其內部的機理及和外部世界需求共同導致，即這兩者構成優勢產業 / 行業的充分條件。

圖 2-1　形成比較環境的兩大基礎

這裏的「資本基礎」，並非僅僅指經濟資本。一個都市可持續發展，需要下面五類資本：**(1) 經濟資本**，體現在各種投資、儲蓄，政府財政，個人和企業的收入等上；**(2) 社會資本**，包括社會人羣的信任、行為

12　楊虎濤（2011）《演化經濟學講義 —— 方法論與思想史》，科學出版社。142–144 頁。

規範、關係網絡；**(3) 人力資本**，包括在教育、健康方面的投入、技能、知識、資訊的掌握，以及人口構成；**(4) 自然資本**，包括境內的天然資源稟賦、相對地理位置、土地和水等資源；**(5) 物理資本**，包括房屋、道路等公共基礎設施等人為構成的城市物理環境。[13]

「資本基礎」的這五個方面，有四個方面相對比較容易量化和比較。但社會資本 (這裏不是指社會上擁有的資本) 這一項則非常不同。社會人羣之間的信任、他們的行為規範以及關係網絡，沒有長期觀察或深入的社會調研，很難做出令人信服的判斷，雖然主觀判斷似乎並不難。考慮到這個原因，本書不得不放棄對這個方面的分析，而儘可能覆蓋另外四個方面。不過，社會資本在一定程度上與人力資本有比較高的相關性。例如，進入 2000 年以後，香港基本上不再是「移民城市」而是由本地出生的人構成。與深圳這個近 80% 的人仍然是移民一代的城市相比，在信任、行為規範和關係網絡方面非常不同。在香港，「老同學」網絡滲透到官場、商場、學界的人際關係中是很自然的事。而在深圳，因為新移民的因素，來自同一個省的「老鄉」圈的認同感仍在。

「制度基礎」也包括五個方面，它們分別是：

1. 要素流通管理。特別行政區或者具有不同於一般城市或者區域的特定範圍內，最明顯的差異，通常就是人員 (包括人才)、資金 (包括股票、外匯)、信息 (包括互聯網、微信、傳媒) 和貨物 (包括外貿進出口貨品) 方面的限制或者鼓勵。香港和深圳都是外向型經濟為本的城市，要素流通的環境

---

13 五種資本的分類，根據 Mayunga J.S. (2007) Understanding and applying the concept of community disaster resilience: a capital-based approach. Summer Academy for Social Vulnerability and Resilience Building. 2007:1-16

圖 2-2　比較環境的資本基礎和制度基礎

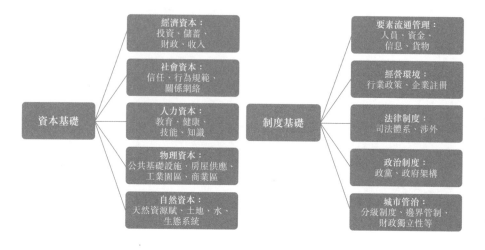

更是關鍵。典型的設定，比如零關稅政策，出口產品退稅政策，人才引進政策、外匯管制等，都直接影響「市場選擇」。

2.　經營環境。如何管理非本地企業或者個人在本地經營某種業務，從合資開辦工廠，到經營文化傳媒事業，都是可以區別「本地」與「他地」的環境。這裏有兩個層次，一個是單位 (企業、機構、NGO 等)，一個是行業 (比如軍工工業、餐飲業、法律諮詢)。有些行業在特定時期可能會獲得鼓勵。

3.　法律制度。這裏也有兩方面，一個是司法體系基礎：大陸法還是普通法。這在很多地方不是差異化的手段，但在香港與內地的分別當中，卻是核心、長期 (如果不是永久性的話) 以及非常重要的差別。另外一個是法律上的涉外獨立權。與上述的法律體系類似，香港基本法給予了香港在一些涉外法律上的獨立權，比如航空運輸業涉及的航權。

4.　政治制度。對於城市而言，政治制度在這裏是制度基礎的一

個既定方面，因為它的確立和變動都是在國家層面完成的。1997 年開始實施的「一國兩制」，使得香港與深圳繼續保持一個實行資本主義政治制度，另一個實行社會主義制度。這個環境上的差異更多地體現在共產黨領導和一些涉及意識形態領域的管制上。

5. 城市管治。城市不是政府管理的最小空間單元。在特定的時期內，香港和深圳都有過內部分隔管理的區域，比如香港的邊界禁區和深圳的經濟特區。形成特定的「比較環境」，城市管理領域一方面可能會有較大的獨立性，同時與其他城市比較還可能有一種內地稱為「行政資源」的東西，即與該城市在國家行政體制級別中相關的權力。

上述兩個基礎一共十個方面所構成的一個城市比較環境，並不是一成不變的，而是隨時間和局勢而調整的，因此是動態且有累積因果關係的，即是演化過程。例如，深圳曾經經歷了一個多年的過渡時期，2010 年最終取消了「經濟特區」的硬邊界。但這個過程，還是導致了「特區」內外在發展上的明顯差別。雙城演化，不僅每個城市有自己的「比較環境」，以及隨着時間的改變，還有一個改變後而形成的兩者之間新的「比較環境級差」。有意思的是，這些改變通常都是局部的，某方面的。而另外一些方面可能長期保持不變。類似地，一個城市可能從比較環境和體制角度看，動作多多；而另外一個城市可能在相對比較長的時間內沒有動作。

從經濟學角度很容易理解，關於比較環境的設置與調整，都是政府（包括國家到城市各級政府）為了配合市場選擇，或者說為了吸引需求方，在調整供給側。其實，「不識廬山真面目，只因身在此山中」：過去半個世紀的中國，也許是世界上行政區劃調整最多最頻繁的國家。

也就是説，雖然深圳和香港貌似比較特殊，但在中國，通過行政手段製造比較環境，形成地區差異，是整個國家演化過程的常見現象。比如 2000 年以來廣州市的行政版圖逐漸擴大數倍，收編了南沙、增城、花都、從化等縣城。又比如重慶 1997 年成為直轄市，將原四川省重慶市、萬縣市、涪陵市、黔江地區合併。類似的還有寧波、天津等。另外，再以成立「新區」的方式，形成更直接和更企業化的管治模式，也是從上海的浦東新區，推到了全國很多經濟重鎮，比如天津（濱海新區）、廣州（南沙新區）、重慶（兩江新區）、成都（天府新區）、舟山（全境）等。

對比之下，180 多年前英國人來香港開埠時，就創出了自由港的制度。1898 年英國租借了「新界」後，在清朝的要求下保留了「三不管」的「九龍城」、1903 年將未有歸屬的土地充公以後，其制度一直處在一個長期穩定的情況下，直至 1997 年回歸。除了沿着深圳河微調了邊界，香港管轄的陸地範圍，除了填海造地，沒有甚麼變化。《基本法》確立了一國兩制的同時，延續了絕大部分過去的「環境」或者制度，包括普通法為本的司法制度、資金與信息的自由流動、零關税等，甚至增加了一點香港的獨特性，即將過去由英國代表香港談判的航權交由香港特區政府自己去談。然而，由於香港回歸，它反倒無法在第一時間成為 RCEP（環太平洋經濟夥伴）組織成員。這兩點體現了「比較環境」存在路徑依賴和累積因果。

這些貌似並不直接關聯的東西，在「比較環境」框架下統一了起來。如果將它們與深圳以及其他在「一般化」的內地城市比如廣州做個比較，我們會發現，三者在不同時點和不同時段具有不同的「比較環境差」。這些差別，就是導致「市場選擇」差異的基礎。

「市場選擇」本身也存在路徑依賴和累積因果。例如，1980 年代進入深圳特區的中小型企業當中，大量是有香港或台灣背景的電子零件廠家，幾十年下來，從零件製造到裝配，從來料加工到自家品牌，從

傳呼機、錄像機，到智慧手機、無人機，電子工業的升級過程和路徑依賴在深圳有了完美的體現。而香港從傳統實物貿易中心，升級為金融服務中心；從華南地區一家獨大的門戶型集裝箱港口，因附近深圳和廣州港口更貼近腹地並成長壯大，而蛻變為國際中轉港，完成區域化的港口分工。這體現了「市場」本身的累積因果、功能轉換和空間選擇——沒有重商的國際貿易傳統，香港不可能形成金融中心；沒有香港電子等製造業北上的轉移和擴張，不會出現港口北遷和本港的功能改變。

上面舉出的這兩個例子——產業轉移和港口轉移，都涉及了時間和空間，都發生在兩個城市之間，而且都與深圳和香港在歷史上特有的「比較環境」相關。本書後面的章節，就將是對上面這種個案所產生的環境的全景闡述和分析。在下一章把香港如何獨特地走過 80 多年、完成自己工業化的過程作為一個「起」的鋪墊之後，我們後面的主要篇幅，將解讀在深圳與香港兩個對外具有不同「比較環境」的城市間，市場如何選擇，並推動這兩個城市在互補中發展。

2.4　識別城市互動與演化過程

從 1842 年開埠算起，香港作為一個城市已經發展了 180 年。這180 年，香港在與中國相關的經濟中扮演的角色變過多次，而且還在繼續變。深圳從 1980 年經濟特區成立至今的短短 40 多年的時間，其自身也發生了天翻地覆的變化。對比與解讀這兩個城市自身發展軌跡和兩者互相關係，需要一把可以定性量度的尺子。四位歐洲演化經濟地理學者 2017 年提出了一個借鑒生物進化論方法的框架（見表 2–1），把區域多元演化的進程也分成了四大類，即：複製（Replication），移植（Transplantation），應變擴展（Exaptation）和突變（Saltation）。這四

種演化進程各自有自己多方面的特徵。這些特徵包括（1）延續與關聯性，即該過程與上一個過程或現狀的關聯性；（2）過程發生的層面，是局部的還是整體的；（3）產生該過程帶來的風險大小；（4）是否需要體制上的創新，在甚麼程度上需要制度改革的配合；（5）演化的主導者是既得利益集團，還是新加入者，或者是整個社會層面的持分者都參與；（6）空間的邏輯，是本地主動，還是外部引起。

表 2-1　區域多元演化過程的分類及主要識別特徵

演化過程	延續與關聯性	層面	風險	體制變動	主導者	空間邏輯
複製	延續	整體	低	維持	區域內既得利益成員	內部
移植	無延續	整體	中	革新，特別是區域範圍	既得利益集團與政府	由外而內
應變擴展	關聯	局部	中	革新，特別是區域範圍	新行業引領者	局部到全局
突變	無關聯	局部	高	整體變革	整體參與	全局

資料來源：Ron Boschma, Lars Coenen, Koen Frenken & Bernhard Truffer (2017) Towards a theory of regional diversification: combining insights from Evolutionary Economic Geography and Transition Studies, Regional Studies, 51:1, 31-45

　　在世界範圍觀察，很多城市的起源與商貿關係大，例如利物浦、紐約。但以政治中心或者軍事要塞起家的也不少，例如西安、南京、華盛頓。隨着歷史的演進，雖然一些城市的基本角色一直沒有變，比如荷蘭最重要的商業中心阿姆斯特丹和港口鹿特丹，他們就是一直在複製自己的核心功能。但城市轉型發展的情況也很普遍，例如從門戶港變為金融中心的紐約，從製造業中心變成文化教育中心的曼徹斯特。這些城市的演變都有一定的擴展適應過程。更有一些城市，其產生就

是一個外部帶來的突變結果，可以帶來輝煌的未來，比如深圳；也可能帶來衰落，比如利物浦因第一次工業革命導致英國傳統紡織業的優勢不再和大英帝國的衰落，其港口不再是國際航運的重要節點，致使這個城市永久地失去了昔日的輝煌，不得不長期尋找新的增長點。

随着本書的進展，讀者會發現，這個分類可以成為一個對港深雙城起承轉合過程分析的重要工具。因為它不但可以讓人從結構上清晰地理解這兩個城市先後設市、先後工業化、先後轉型為不同主業為本的因果關聯，更可以讓我們看清兩個城市繼續共生演進的基礎，未來不同的走向，及變動的利弊（見最後一章的分析）。

第 三 章

「起」：
香港作為「亞洲四小龍」之不一樣的崛起

本章主要是用「時空—動因—約束」架構，解讀香港經濟起飛的基本事實、主要特徵、動因和約束條件及特定政治經濟環境。這是對全書的一個背景鋪墊。

3.1 1860 年作為香港的城市起步點

雖然位於中原邊陲的香港島早就有以打魚為生的蜑家人世代居住，雖然早在明末清初，英國人就已經發現香港島 —— 今天的香港仔和尖沙咀是適合遠洋船隻的理想港灣，但把香港視為一個城市，還是要從 19 世紀中葉的鴉片戰爭算起，因為香港是特定歷史時期在特定地點產生的。英國格拉斯哥大學歷史系教授 Catherine R. Schenk 在為《經濟與商業史百科全書》撰寫香港條目時，開宗明義地說：「香港的經濟和政治歷史主要由其地理位置決定。」[1]

1842 年將香港島割讓給英國的《南京條約》之前，香港只有 7,500 名中國居民。但為甚麼今天我們一直認為，這個世界上最成功的「自由港」體系，會出現在這個小小的島嶼？歷史告訴我們，在英國大量買入中國的茶葉，而中國政府又堅持必須以銀子支付後，英國統治者和商人想到了把鴉片賣到中國，換回銀子的辦法。中國在 1800 年明令禁止鴉片進口，但民間仍有大量鴉片透過非法交易與走私，經英國商人之手流入中國，且數量上升的速度相當驚人，從 1820 至 1821 年的 4,244 箱，增至 1830 至 1831 年的 18,956 箱；直到 1835 年之後，數量竟飆升至每年超過 30,000 箱。

當林則徐受命為欽差大臣，到達廣東強制執法，阻止所有與鴉片有關的活動之時，「為了走避查禁，外國人開始在中國沿海找尋避風港，以便在形勢危急時撤退。在對各地點進行研究後，認為香港應為最佳撤退地點，因為該港口曾經用作秘密交易之地點，而且該處也是熟悉的避風地點。」香港從此成為替代廣州，以進出自由為特徵、將海

1　Catherine R. Schenk, Economic History of Hong Kong, EH.Net Encyclopedia, 2008, https://eh.net/encyclopedia/economic-history-of-hong-kong/.

外貨品特別是鴉片運入中國東南沿海各地的門戶港。如果以本書第二章所提及的「資本基礎」看，這裏的「自然資本」之一 —— 理想的區位和港灣條件 —— 使得香港成為廣州的替代品；同時，由於「制度基礎」之一的法律制度 —— 實行與英國一樣的最有利於商貿的普通法體系，令香港從此確立了其重商的發展基礎路徑、甚至文化。

自 1841 年英國佔領香港島至 1859 年，九龍半島仍然是中國領土，由清政府管治，是英國政府與駐紮九龍城的中國駐軍的緩衝區。中英雙方後來重啟第二次鴉片戰爭，英法聯軍 1860 年攻陷北京之後，迫令當時留在北京的恭親王奕訢與聯軍議和，簽定《北京條約》作結。清政府除了要增開天津為商埠和賠款英、法兩國各八百萬兩銀之外，又規定割讓九龍半島至界限街以南的地方以及昂船洲給英國。自此港英政府得以控制整個維多利亞港。1856 年廣州的「十三行」（即外貿事務聚集地）大火，迫使駐粵外商將公司總部及買辦遷到香港，也為 19 世紀後半的香港帶來資金、人才及貿易發展經驗。

香港的航運於 1850 年代開始發展。進港船隻數目由 1851 年的 1,082 艘，上升至 1859 年的 2,179 艘，只在 1857 年因英法聯軍之役而短暫下跌。船隻數量上升證明貿易有所發展。香港的入口商品除了鴉片外，還包括琥珀、檳榔、樟腦、棉花、皮草、大米、肥皂、葡萄酒及羊毛製品；出口貨品則有竹製品、瓷器、珍珠、傢具、象牙製品、漆製品、絲、茶葉、爆竹等。航運及貿易顯著增長的成因當中，華人人口增長（1859 年人口增至 86,941）是本土貿易上揚的主因。

1860 年的香港已經有超過 87,000 個中國人和超過 1,600 個外國人，並出現了為本地的服務業、以及為英軍和商船服務等、修船業以外的製糖廠、水泥廠、製冰廠等。1898 年英國再向清政府租借新界 99 年，令香港島、九龍及新界都成為英國管治下的區域。租下新界以後，雖然擴大了城市的面積，但在後來的 99 年內、以至 1997 年回歸祖國

至今，社會經濟發展都一直高度集中在維多利亞港灣兩側。而這時候的香港，無論從人口規模還是經濟活動的內容，都已經是一個名副其實的門戶港城市：它不僅有城市自身需要的多元化的服務業，其通過港口與外部交流的各種貿易和航運關係也已經頗具規模。

1866 年香港已經有與美國的定期航線，而 1911 年正式開通了九龍－廣州鐵路。當年九廣鐵路的九龍站（即今日尖沙咀文化中心鐘樓處）市內通過渡輪連結中環，海外通過現在的「海港城」一帶的碼頭羣連結英美等國家。當年的九廣鐵路與上海到南京的滬寧鐵路有異曲同工之處：將一個以海外商貿為本的城市與本區域的政治中心銜接，雖然從國家的角度，廣州當年的地位與南京不同。

3.2 與其他「四小龍」不一樣的經濟起飛

1860 年到 1949 年中華人民共和國成立的前夕，香港與同期其他殖民地區差別有兩大不同，其一，香港不是資源型的地區或國家，而是門戶型的轉口港城市。其二，香港的社會發展和經濟起落，與其祖國密切相關，而這一段時間，恰恰是中國政局劇烈變動、外強入侵、多災多難的 90 年。在這艱難前行的動盪時期，一直沒有變的是其基本的經濟功能 —— 對華轉口貿易門戶。1950−52 年的朝鮮戰爭、中美關係惡化和美國對中國的全面封鎖，導致香港這個基本功能突然喪失。從此開始，香港走上了自己的工業化道路，這個時點可以看作香港 30 多年經濟起飛階段的開始。

當年香港的經濟起飛獲得「發展理論」界的熱議，被看作是自日本進入現代化社會後，從不發達經濟成功跨入發達世界行列的「亞洲四小龍」之一，其他三個是新加坡、韓國和台灣地區。四小龍成功的意義在於推翻了一度受到認同的所謂「依附發展論」，即發達國家與落後國家

之間是一種依附關係：發達國家的成功是依賴對落後國家的剝削；因此，落後國家或者地區依附於發達國家而永無翻身之日。四小龍從落後地區或國家跨入先進國家行列，意味着有某種「新經濟」模式，即從「落後」進入「發展中」通道，並走向「發達」是可能的。之後更出現「雁行理論」，認為先行進入現代社會的日本，像領頭的大雁，後面會帶出一個梯隊跟隨，因為資本會逐漸轉移到下一個正在進入起飛階段的「發展中國家」。這種發展傳遞性的解釋，至今仍然廣為流傳，解釋中國起飛以後，又出現了越南、柬埔寨、衣索比亞、印尼等正在起飛中的國家。

然而，這種歸納型理論得出的所謂普遍規律，其實忽略了路徑依賴和空間依賴。它既不能解釋，為甚麼同時存在經濟長期穩定、但遲遲沒有更上一層樓的國家，比如泰國，和曾經很不穩定、然後發展迅速的國家，比如印尼；也不能解釋，被歸納為四小龍的新加坡、韓國、台灣地區和中國香港，在完全不同的條件下，採用不同的策略，或者甚至沒有主動採用任何系統策略，都可以完成了從落後到先進社會的跨越。香港與其他三個小龍的不同路徑，必須討論，否則，我們無法理解為甚麼香港今天演化成為區域性世界級金融中心，也無法理解為甚麼旁邊會長出一個超級製造業大都市深圳。

首先，香港進入工業化是沒有選擇的選擇。1952 年美國開始實施對中國內地的全面經濟封鎖時，港英當局統治下的香港，自然無法再繼續自己的對華轉口港的核心角色。同時，前幾年大量湧入的人口又必須要有生計。以上海逃港紡織業資本家為首，率先在港建立紗廠，之後，香港逐漸建成以紡織＋成衣為主力的加工工業，利用原有的自由港低稅制和優良港口及海運網絡，邁開了出口加工工業為本的工業化步伐。逐漸加入製造業行列的，還有玩具、鐘錶、印刷、食品、工藝品如塑膠花、中低端電子產品比如半導體收音機和家用電器產品如電鍋等最終消費品製造。除了紡織業是資本密集＋勞動密集型產業，

其他基本都是純勞動密集型產業，原材料是進口的、技術和設計多是跟隨型的而非原創的。

下圖顯示，到 1970 年代初期，經過 20 年工業化的香港，其製造業仍然是集中在紡織業和製衣鞋帽業，這兩個行業佔了製造業產值的八成。另外值得注意的是，工業化伴隨着中小企業 (SME) 數量的增加而不是整合。勞動密集行業的集中度都很低，即中小企業數目龐大。1955 年，91% 的製造企業僱用了 100 名以下工人，到 1975 年這一比例增加到 96.5%。1968 年，僱用少於 100 名工人的工廠佔香港對英國出口的 42%，相當於 12 億港元。換言之，除了長江三角洲一帶遷移來建廠的紡織業，其他行業，包括紡織品下游大量的製衣企業，本質上都是來料加工 (OEM)。到 2002 年底，中小企業仍佔企業總數的 98%，提供了香港 60% 的民企就業機會。

圖 3-1　1973 年香港製造業結構示意圖（以銷售額計算）

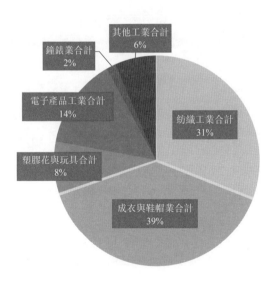

資料來源：香港政府統計處

其次，與其他三個亞洲小龍完全不同，香港政府長期推行「不干預」(laissez-faire) 政策，期間從來沒有宏觀經濟發展策略和產業政策，雖然後來將「不干預」改變為「積極不干預」。到底甚麼是「積極不干預」？香港的呂大樂教授在其獲獎著作《香港模式 —— 從現在式到過去式》中用了一個章節的篇幅，做了詳細和精彩的論述[2]。他特別指出，「積極不干預」長期被視為香港原則性政策，久而久之，「便添加了一層倫理道德的色彩」，甚至「界定了政府的角色，區分了所謂好或壞的手段與政策」[3]。他也援引了顧汝德的說法：「『積極不干預』是一種在港英管治底下，沒有民主政治的環境裏，市民可以接受的政商關係和社會契約。港英政府以一種超然的 —— 高於個別財團或工商界利益的 —— 身份出現，不會很明顯地偏幫某一種利益，而是以鼓勵公開的市場競爭，來打造一個有利於工商界的環境。這是一種有利於維持資本主義經濟的政治妥協：資產階級和政府雙方都接受了某些約束，但其根本利益又不會受到損害。」[4]

香港雖然被列入了屬於基於國家／政府主導的工業化過程，即雁行理論涉及的日本、韓國、新加坡、中國，但香港並沒有像其他國家或地區那樣，有那種與政府關係密切的本地製造業大財閥集團，例如韓國三星集團、現代集團、LG集團、SK集團，日本的三井、三菱、住友、富士、三和，台積電等。體量與香港最接近的所謂「City State」（城邦）的新加坡，有主導型中央政府企業淡馬錫控股，它1974年成立，掌控了包括新加坡電信、新加坡航空、星展銀行、新加坡地鐵、新加坡國際港務集團（PSA）、新加坡電力、吉寶集團和萊佛士酒店等幾乎所有

2　呂大樂，《香港模式 —— 從現在式到過去式》，43–61頁
3　同上，45頁
4　Goodstadt，2005，49–50頁

新加坡最重要、營業額最大的企業，可以說是幾乎主宰了新加坡的經濟命脈。香港當年的製造業領頭羊，是英國太古集團這類多元化集團，他們從一開始進入香港，就不是局限於製造業。而本地財團，首先是集中在航運。而製造業，如紡織業（見下表）企業的集中度並不高。

表 3-1　反映香港企業規模的「1973 年特定行業類別集中程度統計」（適用於僱傭人數達 20 人或以上的報稅企業）

行業類別	銷售額及已完成工作價值量（單位：百萬美元）	在以下企業的集中程度		
		最大的三家企業（單位：%）	最大的六家企業（單位：%）	最大的九家企業（單位：%）
棉紡	1,455	35	55	69
毛紡	394	55	90	100
人造纖維針織	587	44	65	79
棉織	2,077	17	29	37
漂染	526	52	68	74
紡織印花	371	75	90	95
套裝、外套、大衣生產	845	13	22	29
褲子、牛仔褲、短褲生產	1,515	18	31	40
襯衫生產	1,148	25	38	46
連衣裙、女士襯衫、短裙生產	661	16	24	33
內衣、睡衣生產	234	18	31	42
針織外衣生產	1,646	12	19	24

行業類別	銷售額及已完成工作價值量（單位：百萬美元）	在以下企業的集中程度		
		最大的三家企業（單位：%）	最大的六家企業（單位：%）	最大的九家企業（單位：%）
手套生產	459	12	19	25
紡織製成品	229	21	34	44
塑膠花生產	363	8	15	20
塑料玩具生產	1,036	16	24	29
晶體管收音機生產	1,328	21	34	45
電子產品生產	1,107	46	60	70
手錶、鐘錶生產	264	33	51	63
作業打印	371	18	22	27
鋼鐵基礎產業	334	63	80	90
船舶製造與維修	412	67	82	91

數據來源：1970 年代香港製造業特徵，根據香港政府統計處資料整理

　　這種不干預政策可謂香港形成大量靠自己靈活轉身而發展的中小企的原因之一，因為政府的手從來沒有伸進來，明確支持或「勾結」某個特定的製造業並且扶植出大型企業到世界上去競爭。但是具諷刺意義的是，這種發展路徑在經濟上的成功，留下了其特有的自信型遺產：進入本世紀後，越來越多的國家，包括美國、中國、日本等世界級的大經濟體都出現越來越明顯的政府干預經濟發展的大環境下，香港一直在經濟發展上繼續信奉不干預政策，導致香港中小企業在國際市場

中總體的競爭優勢下降。因為在沒有政府實實在在的明確支持下，中小企業通常都缺乏長遠視野及支持這種長遠發展格局的資金，絕大多數位於製造業和服務業中的中小企業都沒有自己的研發能力或者將研發變為產品的能力。而本土市場狹小，無法先經過本地挑剔的使用者的考驗和錘煉，形成國際市場上有競爭力的產品。在 2003 年初香港特區第一任特首董建華先生的施政報告明確提出「香港四大支柱產業」（即金融業、貿易及物流業、旅遊業、工商服務和專業服務業）之前，香港一直沒有「產業政策」。

第三，雖說是「不干預」，但從 1960 年代開始港英政府就意識到，必須改善普通工人的生活條件和提高市民的教育程度，這並不是偏幫某一個別行業，而是從整體上補足資本家和企業不肯花成本做的事情。因此，政府在本書第二章提到的「資本基礎」中的人力資本（教育、健康、技能、知識）、物理資本（住房供應，工業園區、公共基礎設施等）上面投下了巨大資金，修建了一批又一批的補貼性公共住房（公屋）和一大批「官立」中小學校，改善了社會底層藍領家庭的基本居住環境和整個香港的基礎教育，並於 1970 年代開始修建地鐵系統，為一般市民提供可達度更高的交通基礎設施和服務。

第四，香港經濟起飛這個階段，並沒有以自己工業化完成為終點，而是在 1980 年代中國內地改革開放後引起的香港製造業外移、1990 年代金融中心形成和回到轉口貿易軌道後，才進入相對平緩的增長期。下面的圖表顯示，按照人均國內產值（GDP）考量，香港社會變得富裕，或者說增長最快的，是 1990 年代和 2010 年代。1990 年代增長快，與深圳和整個珠三角為香港帶來的各種商機有關，包括港資在珠三角的擴張、大量的進出口貿易，以及商務，和民間旅遊等等。2010 年代，香港在整個中國的離岸貿易、香港為內地企業提供的、包括在香港股票市場上市（IPO）的金融服務，和為內地提供個人人壽保險業務等，

以及進一步擴大香港的自由行等有利於香港的政策所帶來的繁榮，似乎都比 1950-1970 年代港人艱苦奮鬥，在國際市場打出一片製造業天地所獲得的財富來得更快。

如下圖（圖 3-2）所顯示，香港上個世紀後期，製造業在經濟中的比重從 1971 年的 28%，下降到 1988 年的 20%，再下降到 1998 年的 10%，其中變化最大的是 1988-1998 這十年。而香港的整體經濟發展速度，不論以國內生產總值（GDP）還是人均 GDP（參見圖 3-3），這十年的增長竟然都是最快的，而增速明顯放緩，是從 1998 年開始的。換言之，1952-1988 這 36 年的前半段之工業化過程雖然毫無疑問是香港經濟起飛的特徵，但直至 1988-1997 這 10 年，這個起飛過程才完成。

圖 3-2　1971-1998 年香港主要產業佔國內生產總值（GDP）比重的演變

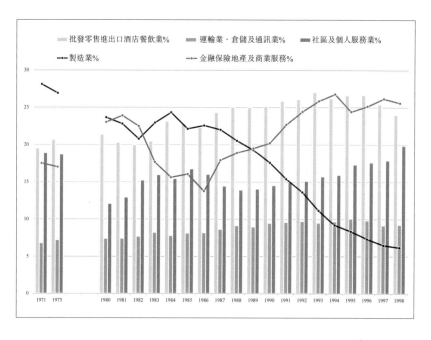

圖 3-3　1960-2022 年香港人均 GDP 統計

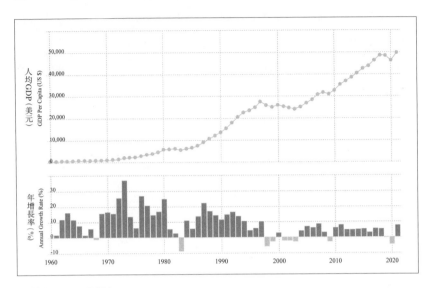

資料來源：世界銀行

　　那麼，這十年重新加速增長的動力何來？為甚麼香港完成工業化的時點不是進入後現代化社會的起點？向服務業主導型經濟的轉型本來可能是一個緩慢甚至痛苦的過程，為甚麼香港可以用如此短短數年的高增長完成？這一切都無法從香港內部找到答案。但了解當年香港與珠三角特別是深圳和東莞那一段「前店後廠」經濟關係的人都清楚，是香港製造業在深圳河北面的擴張的後果。下面這個 1950-2000 年期間香港對外貿易特徵變化圖（圖 3-4），清晰地揭示了這個過程：

　　香港 1952 年因中國被禁運而失去對華貿易門戶地位之後，用了 10 年的時間，成為消費品製造地，本港出口（虛線）佔總體出口的 70% 以上，1970 年代中期曾達到 81%。然而，從 1980 年開始，總進出口（深色柱）大幅上升的同時，本港出口所佔比重大幅下降。這就是「對外貿易依賴度」（實線）所體現的內涵：香港不僅重新回到依靠轉口貿易（總

貿易－本地進出口），而且這個量對香港 GDP 的貢獻越來越大。此圖
中兩條線的反弓形關係結束在 1990 年代末，之後本土出口一直維持在
10% 這個比重，即香港重回門戶角色。這個過程從來沒有出現在其他
的獨立經濟體當中。本書第 5 章將專門討論這個「前店後廠」期間以及
以後，香港與深圳的特殊關係，因為它影響的不僅僅是香港，而是港
深關係和後來深圳發展的路徑和方向。

圖 3-4　1950-2000 年期間香港對外貿易特徵變化圖

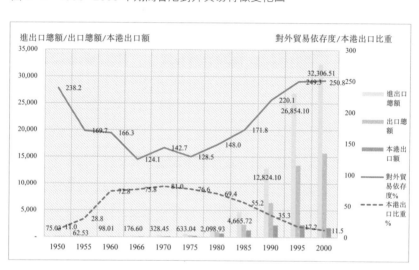

資料來源：多期《香港統計年刊》

3.3　確立比較環境

　　上一節的四點討論旨在說明，香港從相對落後社會進入發達社會
的過程是獨一無二和不可模仿的。這首先因為香港在 1860 年前後成為
對華貿易自由港這樣特殊的歷史和地理原因。本書沒有打算深入討論
1950 年香港工業化起步以前的歷史，不僅是因為這方面有不少有份量

的史學著作（如 John Carroll 所著《香港簡史》[5]，劉智鵬、劉蜀永合著的《香港史：從遠古到九七》[6]，更因為本章的目的，僅僅在於説明，雖然英國管治期間 99 年令這個城市成為獨一無二的、與中國內地密切相連但又在制度上完全不同的空間，其 30 多年的工業化進程也因其之前的獨特性而不同。其他的三小龍，新加坡在工業化成功後，一直繼續努力將自身與世界強勢經濟體掛靠的同時，不斷主動地調整自己的經濟結構，將其多元化，既有從石油加工到生物醫藥的製造業，又有金融業、現代集裝箱港口和物流服務業；南韓仍然努力不懈地提升其製造業，打造出汽車、電子消費品和造船等產業的競爭力；台灣地區則在特定高科技行業努力之餘，因地制宜多元化其經濟結構，以適應其特定的政治、經濟和自然環境。而唯獨香港，在 30 多餘年工業化之後，離開製造業，回歸了貿易並踏上了買賣錢的市場：國家級別的股票交易中心。

這條路走到這裏轉了一個大彎，原因恰恰是本書下一章的內容：中國在 1978 年改革開放後不久，就在香港邊境成立了深圳特區這個在原有的計劃經濟體系內極為特殊的「比較環境」。它導致香港製造業迅速北移，加速了其集裝箱港口為基礎的歐美的轉口貿易（基於與 100 年前將鴉片轉口到中國市場正好相反的貿易方向），從而因勢利導，完成將自己升級為金融中心和專業服務中心的角色轉換。這一切，包括製造業離開、轉口貿易增加、港口和機場生意興隆、國際金融中心的確立以及各種與貿易和金融相關的專業服務的繁榮，共同體現了一個極具特色、有明確路徑依賴的演化過程：不干預政策下，重商中間人的回歸和升級。

若把香港這段現代化歷史放到本書所描述的一個更大的過程——

5　John Carroll：《香港簡史》，中華書局中譯本，2013。

6　劉智鵬，劉蜀永：《香港史：從遠古到九七》，香港城市大學，2019。

兩制雙城發展的「起承轉合」中觀察，本章所討論的就是香港如何完成自己的（崛）「起」。我們的分析發現，這個崛起並不是以前人們以為1950年代到1980年代那亞洲四小龍共同崛起的時期，也與其他三小龍有着完全不同的方式。特別是1980–2000這20年，是香港形成今天服務型經濟和社會基礎的兩個10年。而這恰恰就是隔岸深圳冒起的初期。接下來的一章，我們開始集中討論深圳如何繼續這個過程的「承」。最值得注意的，當然是兩個城市如何互動，因為「承接」是一個雙方共同演化的階段。

第 四 章

「承」的起點：
深圳特區確立「兩制雙城」的特殊軌跡

「四十年間，在中國先行的現代化實踐中，許多名詞在這裏被注入新的解釋和定義。如：人性、公平、市場、信用、契約、法制、文明、失敗、成功、創新、社區、文化……每個人在深圳的工作和生活狀態都不一樣，每個生命的過程，是一個自己建立秩序的過程，同時也是一座城市公序良俗形成的過程。人本而立、萬物眾生、公平而興、法制為基、創新為魂……深圳是一座可以讓人擁有自己個性和想像力的城市，深圳就應該以這樣的城市去承載人們對美好生活的想像。」

—— 朱榮遠（深圳規劃界著名人士，
全程參與了 1980 年代以來深圳的城市規劃）

演化的本意，是在原有的模式或基礎上推進後出現了變異，因此一定不是重複。雖然我採用了「承」字來解讀深圳崛起的第二個階段發展，但這並不意味着深圳是香港發展的第二步，更不是指深圳在複製香港。「承」的含義在於深圳是 1978 年開始的、中國內地改革開放這個宏觀巨變，與傳統香港角色一起演化出的一個微觀必然，而且它只能發生在深圳河北岸。

4.1　深圳演化崛起的必要條件

　　作為「比較環境」(定義見本書第二章)，1980 年 8 月 26 日，經中華人民共和國第五次全國人大常委會第 15 次會議決定批准，在深圳市境內，劃出 327.5 平方公里 (補更調查數據為 396 平方公里) 地域設置經濟特區。同年 8 月，全國人大常委會頒佈了《廣東省經濟特區條例》，深圳經濟特區正式成立。它是一個沿着香港陸地與海岸線的邊界劃出的狹長地域，東西長 49 公里，南北寬 7 公里，設有全長 86 公里的特區管理線，在深圳市域形成了一個「關內關外」的奇景。「關內」實際可開發面積約為 110 平方公里，接近當年香港建成區的一半，包括目前的羅湖、福田、南山、鹽田四個區 (見圖 4−1)。

圖 4−1　深圳經濟特區示意圖

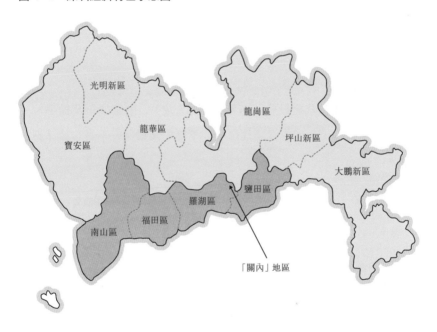

事實上，深圳「經濟特區」從最初的建議到特區正式成立只不過是幾個月的時間。其中最大的轉變是將「出口加工特區」改成內涵可以更豐富和寬泛的「經濟特區」[1]，而沒有變的是將「特」字限定在經濟活動這個範疇，即從政治體制上與全國保持一致。因此，從一開始，深圳就不是複製香港，而是利用香港，打開中國對外開放的大門，推進中國經濟上的改革。力主深圳成立經濟特區的鄧小平先生，雖然在其他場合說過「中國可以有多幾個香港」[2]，但從來沒有把深圳視為另一個香港。相反，他在深圳特區最初發展的幾年裏，保持了一種放手發展地進行經濟改革實驗、並靜觀其變的態度。

在一塊 327 平方公里的地方，幾乎從無到有地搭建一個市場導向的出口加工型製造業城市，經歷五六年的摸索時期，恰恰體現了鄧小平「摸着石頭過河」的現實主義路徑。從當時社會主義計劃經濟體制和年人均 GDP 198 美元的發展水平起步，接軌國際經濟和貿易體系[3]，實現鄧小平 1979 年底提出的，到 2000 年實現「小康社會」的願景[4]，深圳當年的基本優勢、條件和困難來自以下四個方面：

(1) **土地和基礎設施、勞動力 (含人才)、生產技術及標準**。平整土地，形成產業園區，並不是中國獨創。不過，像深圳這

1　參見 1980 年 5 月 16 日，中共中央、國務院批轉《廣東、福建兩省會議紀要》。

2　鄧小平：《鄧小平文選》第三卷，人民出版社，1993，第 267 頁。

3　資訊來源自世界銀行數據。

4　1979 年 12 月 6 日，鄧小平在會見日本首相大平正芳時使用「小康」來描述中國式的現代化：「我們要實現四個現代化，是中國式的現代化。我們的四個現代化的概念，不是像你們那樣的現代化的概念，而是『小康之家』。到本世紀末，中國的四個現代化即使達到了某種目標，我們的國民生產總值人均水平也還是很低的。要達到第三世界中比較富裕一點的國家的水準，比如國民生產總值人均一千美元，也還得付出很大的努力。中國到那時也還是一個小康的狀態。」

樣，由中央政府派工程兵部隊來實施，零成本地提供工業用地，應該是舉世無雙。勞動力的引進，在當時中國人口戶籍管制嚴格的情況下，並不是一件簡單的事情，同樣需要「尚方寶劍」。生產技術與標準是與設備和產品掛鈎的。因此，如果目標是建成出口加工區，那麼採用的技術與標準就需要符合國際市場的要求。深圳特區發展初期普遍採用的「三來一補」(「來料加工」、「來件裝配」、「來樣加工」和「補償貿易」)，其核心就是形成代工貼牌生產 (OEM)，即海外原始設備製造商具體的加工任務，就是通過合同訂購的方式委託同類產品的其他廠家生產，再將所訂產品低價買斷，並直接貼上自己的品牌商標。在最低成本做好「三通一平」(水通、電通、路通和場地平整) 的基本建設項目開工的前提條件下，從內地引入勞工和人才，從境外引入生產設備，按照國際市場標準製造出口產品，就是深圳模式起步的原點。

(2) **資金、相應的行政管理體制和企業家。**雖然上面一條我們按照傳統經濟學角度考慮生產要素，但那個角度已經假設了市場自然會出現「企業家」來經營，資金也同樣會在其他生產要素有優勢的情況下自然到來。然而，在傳統的計劃經濟體制和行政管理下，情況並非如此。在沒有可以正式營業的「民企」的情況下，資金和企業家只能來自國企或者成立中港 / 台 / 外合資企業。「補償貿易」，即用產品來償付引入的設備，也是引入投資的一種方式。採用這種方式的主要原因也是內地企業缺乏資金和外匯。與深圳恰恰相反，香港作為自由港，其資金的國際流動是完全自由的，而且融資成本一直比內地低。因此，如果進入深圳的企業可以從香港獲得

融資，會比較理想。這也就直接涉及了行政上深圳如何管理外匯和資金進出的問題。我們在第 9 章會深入展開這方面的討論和分析。另外，企業家並非天生和可以適應任何經營環境。類似地，派到深圳的政府管理人員也沒有管理市場的經驗。因此，這兩者的互動，成為了「摸着石頭過河」的「白貓」與「黑貓」能不能捉住老鼠的關鍵。在我們後面的章節中，會介紹和探討在深圳產生的新企業家和深圳政府不斷改革以適應這個特殊環境的案例。

(3) **貿易網絡與通道 (含軟硬件)**。1978 年以來，對外貿易是中國改革開放的核心成果的體現。而中國製造的消費品大規模出口始於深圳特區。做到這一點，最初依靠的是香港葵涌集裝箱碼頭，那裏有鏈接全球主要市場的直達航線，是亞洲當時最好的貨櫃港口之一。深圳集裝箱遠洋航線是 1994 年才開通的，我們會在第 9 章中詳細討論兩個港口的互動關係。而實體貿易背後，是無形的貿易網絡，這也是香港人最擅長的中介業務。1980 年到 1985 年，在深圳曾經出現過倒賣外匯配額、把進口貿易做大，複製香港功能的一股潮流，反映出當時急功近利的心態。但從國際貿易角度看，代工 (OEM) 就是以商品為載體的勞務出口。深圳以至珠三角製造後出口，從國際貿易的比較優勢理論看是最有利的選擇，特別是鄰居就是香港，並不缺少進出口貿易網絡。隨着國家堅定把深圳特區做成出口加工業為主的目標和全國各地貿易口岸漸漸開放，深圳走出了自己後來與香港完全不同的發展路徑和方向。

(4) **確定邊界 —— 對於「比較環境」的管治**。前面的三個方面涉及的問題一旦基本解決，深圳在出口產品製造業方面的優勢

就可以確立。然而還有一個既不是內部也不是外部的前提條件：管治好這個特殊的「比較環境」。這個管治中最不受理論界重視和各種經濟學者分析的一環，同時也是政府現實操作中最大的抓手，就是如何制定和調整各種「邊界」—— 看得見的和看不見的。看得見的是「硬邊界」，即香港與深圳特區的邊境線和深圳市的特區與非特區之間的邊界。這兩條界線，一條在 1997 年香港回歸祖國同時實行「一國兩制」五十年不變的基本國策，一直維持海關性質的邊界，但通關的具體內容和規定一直在不斷調整。另一條深圳特區與非特區的邊界，在國務院批准下，深圳特區於 1982 年 6 月設置管制人員進出的管理線，全長 84.6 公里，沿線設有 2.8 米高的鐵絲網、檢查站等管制設施，被稱為「二線關口」（對應深港交界處的「一線關口」），特區也因此被俗稱為「關內」，共 16 個陸路關口、1 個水上關口及 23 個耕作口。根據當時的法規規定，特區戶籍居民必須憑居民身份證、非深圳特區戶籍居民必須憑戶籍所在地所簽發的邊防證才可出入特區。乘搭公交、大巴的乘客，需下車過關檢查，才能乘搭原車再進行剩餘的旅程；而當年搭乘廣深城際列車的乘客，必須持有邊防證或深圳戶籍身份證，並於車上接受檢查。直到 2006年，中國內地居民才可以僅憑居民身份證進入深圳經濟特區範圍。當 2010 年深圳將特區擴大到全市後，深圳特區已經實質上不存在。然而，在深圳特區剛剛建立的幾年裏，這條硬邊界對於人流和物流進出經濟特區的影響非常大，對後來「關外」地區的發展進程也有巨大影響。當年民間有「我怕來布吉（不及）」和「英雄難過梅林關」的笑談，反映來往「一線」與「二線」的麻煩。時至今日，跨「關」成片開發的南方科技

大學，是極少的例子。[5]

至於看不見的「軟邊界」，泛指所有以深圳特區為界所實行的因地制宜政策和法規，包括戶籍政策、土地政策、稅收政策、人才鼓勵政策、進出口規定、節假日規定、本地居民往來香港的規定等各方各面與內地其他地方不同的政策。軟邊界完善的結果⋯⋯

上述四個方面所涵蓋的內容構成了建立深圳這個「比較環境」的基本條件。設定這個環境和調整這個環境靠的是政府有形之手；市場的無形之手通過資金尋租、企業尋找市場和生產地、以及個人尋找更高回報的就業機會，最終形成要素聚集深圳的後果。要素聚集的方式可以用當年深圳流行的一個詞彙「內引外聯」做一個概括，如（圖 4-2）。

圖 4-2　1980-1990 年代深圳特區的「內引外聯」

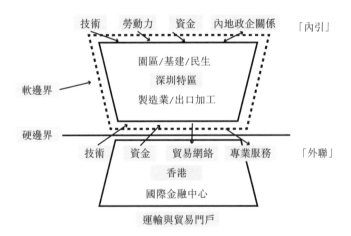

5　見《參考消息》「國務院批複了！撤銷深圳經濟特區管理綫」，2018 年 1 月 15日。

從深圳以外的角度觀察，「內引外聯」其實是「引內聯外」，即利用製造出的「環境差別」，向內地找勞動力和從國營企業、軍工企業到各級政府的支持，向境外尋求貿易商機、資金、運輸門戶、生產商專業服務和銷售網絡。

4.2　有形之手：政府用「先行先試」模式製造「比較環境」

「先行先試」這個詞雖然是很多年後出現的，卻是 1980 年代深圳特區的真實寫照。經歷了初期混沌的幾年後，1984 年 8 月 23 日，深圳市頒佈了一個《深圳經濟特區管理體制全面改革的試行方案》，它包括了：基建管理體制、計劃管理體制、企業管理體制、銀行信貸體制、財政稅收體制、物資管理體制、商品流通體制、招商引資體制、農村經營體制、交通郵電體制、勞動工資制度、政府行政體制，以及文化、教育、科技、衛生、體育和公、檢、法等社會管理體制共 20 多項具體改革。

根據 1980 年代深圳市委政研室秘書處處長李醉吾的綜述，該方案是基於之前幾年多次召開各種研討會，與聘請的國內外專家學者探索而建立特區的理論。特別是 1983 年 3 月深圳召開了關於特區性質和經濟模式的研討會上，政府從幾十條意見中採納了「四個為主」的理論，以培育市場經濟。這「四個為主」是：(1) 特區的建設資金以引進外資為主；(2) 企業結構以發展外資企業為主；(3) 產品銷售以外銷為主；(4) 經濟活動以市場調節為主。這四個為主的提出，為當時特區外向型經濟的發展，為確立市場經濟模式，打下了重要基礎。這四個為主，最核心的部分是「市場調節為主」，它像一條主線把四個方面串了起來。四個為主，也把市場經濟模式的內涵表達更具體化、形象化、系統化、在特區初創階段，是一種難得的理論，在特區發展過程中，已成為指

導外向經濟發展的重要手段和基本目標。[6]

「四個為主」理論需要特定的體制機制去實現。李文還特別指出：「深圳確立市場經濟模式，借鑒海外經驗，**首先以香港為類比，逐步考察世界發達國家**，吸收其有益的部分。」雖然確立的是市場經濟模式，礙於當時國內市場的制約和影響，深圳使用的經濟手段，仍然有很強的計劃性。在市場活動中，政府仍然需要通過價格、稅收、信貸、許可證等經濟槓桿對市場進行計劃調控，還要對市場運行進行必要的工商行政管理和法律監督。同時，經常與國際市場打交道，在流通領域變化最大，多種渠道互相溝通。學習香港經驗，在這方面顯得特別重要。**在深圳的經濟特區法規中，約有三分之一是在國家相關的法律法規尚未制定的情況下，借鑒香港及國外優秀法律文化先試先行的。**[7]

李進一步指出：「深圳實行市場調節，商品流通已革除了過去那種主要通過國家調撥和縱向計劃分配的單一流通渠道和多環節批發的老體制，產品生產和商品流通，主要以市場體系為中介，通過多種形式的橫向聯繫來實現。整個特區除極少數物資由國家計劃分配外，大多數產品是通過企業的自銷渠道、兼營渠道和零售渠道來流通。在市場主體方面，必然形成多種經濟成分並存。在市場環境中，特區的經濟結構早已不再是單一的公有制結構，而是既有全民、集體，又有個體，既有同全國聯合的聯營企業，又有世界各國外商參與的多種成分並存的綜合體，體現出廣泛的聯營和優勢互補，這在理論和實踐上都是一種重大突破。幾年來，特區各類市場，如生產和生活資料市場、金融市場、證券和股票市場、房地產市場、各種專業和期貨市場、技術和

6　李醉吾：「深圳經濟特區體制改革的回顧」2013-04-24，政協深圳市委員會網站：http://www.szzx.gov.cn/content/2013-04/24/content_8987128.htm

7　李東泉 朱祁連，「深圳特區制度的歷史實證分析及未來展望」，《城市觀察》，2012 年第 1 期 97–108 頁。

信息市場、人才和勞務市場等,都不斷發育成熟起來。」

在中央政府層面,除了給予經濟特區身份,深圳還在 1988 年獲得了國家計劃單列城市的地位。兩者疊加,深圳享有相當於省一級的經濟管理許可權。雖然這也給深圳與廣東省的關係帶來了某些負面影響(因為不再向廣東省繳稅),但對於深圳在經濟上更加獨立,以便於實施其與眾不同的政策,做好這個「比較環境」,也便於中央政府與其溝通,使得進一步推行「先行先試」模式更容易。

4.3 無形之手:企業從香港學習,進入市場經濟模式

雖然香港並不是一些新古典主義經濟學者所言的「最市場的經濟體」,例如,政府對土地供應的控制,直接決定了香港企業利潤比例最大、佔香港政府稅收最高的是房屋供應。但香港當年無為而治的「小政府」原則,在沒有產業政策的環境下,其製造業的確在近乎完全競爭下生存。更準確地說,香港自 1950 年代「被工業化」的 30 多年,其為國際市場服務的製造業,因為技術上是追隨者而不是創新者,長期對市場和海外大企業訂單的依賴,產生了大量以敏捷轉身能力生存的中小企業。

深圳 1980 年代出現的企業,有相當一部分是軍工轉型的企業(如華強電子,第六章討論內引外聯時再詳述),還有國企和逐漸成為主角之一的合資企業。其中公開資料最全、最有代表性的應該是招商局。

招商局(China Merchants)成立至今已經有 150 年的歷史。1872 年 12 月 26 日,清政府批准奏摺《設局招商試辦輪船分運江浙漕糧由》,招商局由此誕生。是中國最老資格的中央政府屬下國有企業。1873 年初上海開局後,隨即在香港設立分局;購置的第一艘輪船「伊敦」輪從上海首航香港。1950 年 1 月 15 日,香港招商局舉行聲勢浩大的起義,

香港招商局從此成為中華人民共和國的央企。1978 年 10 月 9 日，中共交通部黨組向中共中央、國務院遞呈《關於充分利用香港招商局問題的請示》。招商局提出了「立足港澳、背靠內地、面向海外、多種經營、買賣結合、工商結合」的 24 字經營方針，請求擴大招商局的經營自主權。10 月 12 日中央批准交通部請示。1979 年 1 月 31 日，交通部副部長彭德清和招商局常務副董事長袁庚向國務院副總理李先念、谷牧彙報蛇口建立工業區的設想，李先念在地圖上劃出蛇口工業區建設用地。這一天成為中國第一個對外開放的工業園區 —— 蛇口工業區的誕辰。[8]

袁庚（1917 年–2016 年）是廣東省寶安縣人，曾就讀於黃埔軍校，1939 年 3 月加入中國共產黨，同年加入東江縱隊。1953 年曾經出任中國駐印尼總領事館領事。1980 年袁庚擔任深圳蛇口工業區的建設總指揮，提出了「時間就是金錢，效率就是生命」的口號，影響了全中國。有個說法是，中國走向市場經濟是從這句口號開始的。袁庚說：「寫這標語時，我是準備『戴帽子』的。」[9] 在計劃經濟思想還牢牢佔據人們頭腦的時代，這句口號在當代中國爭論之激烈和持久非常罕見。1984 年 1 月，鄧小平視察蛇口時肯定了這個口號。這句口號後來被收藏進中國革命博物館，成為一個時代的文化座標。

袁庚 1979 年出任深圳蛇口工業區管理委員會主任，負責蛇口工業區的開發。由於家庭成員有印尼華僑、自己 1953 年曾任職中國駐印尼領事館領事，袁庚有情懷，也有國際視野。多次調研香港以後，袁庚指出：「為甚麼香港這麼繁華，因為它是一個自由港！市場經濟規律是客觀的，不由人說了算，不由人想像的，不聽行政指令的……想在香

8　參見招商局集團網站文章：《招商局 149 周歲　歷百年亦青春》，https://www.cmhk.com/main/a/2021/l26/a43120_45690.shtml

9　「時間就是金錢，效率就是生命」的提出，2008 年 10 月 10 日，《人民網》評論。http://www.chinanews.com.cn/gn/news/2008/10-10/1407950.shtml

圖 4-3　1980 年代招商局矗立於深圳蛇口工業區的大幅招牌「時間就是金錢，效率就是生命」

港買塊地的話，沒門兒，太貴了！為甚麼我們不在靠近香港的地方建工廠？這個對！從珠江口到大鵬灣調查了一大圈，就這個地方最好，這個地方叫蛇口。」在李先念副總理從地圖上劃出南山區作為工業區的土地中，袁庚只選擇了 2.14 平方公里的蛇口（原來屬於蛇口公社的土地）作為招商局在深圳的起步點（後期的招商局蛇口工業園區已經超過 10 平方公里）。袁認為：「如果看作一根試管，也許會引人關注。」[10]

　　如果說「時間就是金錢，效率就是生命」體現的是市場經濟的意識形態，袁庚則將其付諸於生產關係方面的行動，短短三年時間做出了全國多項企業體制改革的「先行先試」：

- 1980 年，在建設蛇口港順岸碼頭工程中，袁庚率先打破平

10　引自央廣網文章《「蛇口之父」袁庚去世》，2016-02-01

均主義獎勵辦法，實行超產獎勵制度，由此拉開了蛇口全面改革**特別是分配製度改革**的序幕。

- 1980 年，蛇口工業區中瑞機械工程公司在全國最早實行**工程招標**。
- 1981 年，蛇口工業區開始進行住房制度改革，實行**職工住房商品化**。
- 1981 年 8 月，蛇口工業區在各重點大學及各地**公開招聘人才**。
- 1982 年 7 月，招商局以有別於全資開發蛇口工業區的模式，組成由六家中外企業合資的中國南山開發股份有限公司，開發建設赤灣，袁庚任董事長兼總經理。中國南山開發是中國改革開放以來**第一家真正意義上的股份有限公司**。

上述五項在蛇口工業區先行先試的新政，也剛好對應了我們前面講到的四個基本方面，包括 (1) 人員流動；(2) 技術設備引進；(3) 引進內地與海外的資金和企業，建立中外合資公司；(4) 建設連接和餵給香港集裝箱樞紐港的蛇口碼頭作為跨境對外貿易的基礎設施。

對於當年仍然處在從計劃經濟體制脫胎換骨起步階段的中國，上述五項改革對於當時的中國內地都具有新奇性，即演化過程中的突變，儘管它們在其他資本主義世界包括當時英國管治下的香港已經存在了上百年。今天，內地百姓、企業和政府對此也完全沒有新鮮感，說明這些制度經過四十年改革開放已經在全國落地生根，大家習以為常。然而，當時袁庚敢於在蛇口做到這些，不僅體現這位被稱之為「蛇口之父」對建立按照市場原則，實現企業運行的環境之深刻理解和執行力，也與鄧小平等中央領導直接跨行政尺度的支持有非常重要的關係。換言之，**這一切是在深圳特區內的一個局部實現的，即它的新奇性是在**

中央政府通過交通部直接委派袁庚、並與其本人協商後直接劃定的一個地域範圍這一特定比較環境中實現的。值得留意的是，這個過程香港自身並沒有任何主動參與。它僅僅是袁庚建設蛇口工業區的一個參照系和實現鄧小平提出的「對外開放」總政策最早和最直接的接口。

4.4　深圳與香港作為移民城市的相似與不同

除了政府有形之手與市場無形之手在深圳的關係定義了它從城市起步開始，所具有的「比較環境」特殊性，深圳與香港還有一個重要的共通點，就是兩者都是移民城市。兩個相鄰的城市同是移民城市，並非罕見，比如北京和天津、上海和蘇州等等。**但兩個移民城市在時間上先後完成大規模的「第一代」移民階段**，則相當少見。

所謂移民城市，是指在一定時期內，比如兩代人或者幾十年間，該城市新移民超過了總人口的一半，導致該城市居民大部分都不是本地出生的。有些城市經過一個或者幾個特別的移民潮後，本地出生的人口增加，「移民城市」的特徵漸漸淡化，而本地文化也開始成型。也有的城市，在相當長的時期，比如半個世紀，新移民仍然不斷增加，例如紐約和上海。

第二次工業革命以後才起步發展的城市，很多都有着城市化與工業化同步的階段，即人口湧入城市，成為脫離農牧業的產業工人的同時，成為城市居民，並從此落地生根。之後的演變，主要是城市化本身衍生的各種需求，包括教育、醫療、文化、宗教、基礎設施建設與維護、居住環境與社區服務等。如果幸運的話，還有更高增值的產業升級。

一個城市從移民為主逐漸變成本地出生的人羣為主，差別很大。從個體角度看，是從一個充滿闖盪立足的個體的社會，進入一個在家庭與朋友依託之上發展的社會。從社會關係角度看，這是從一個陌生人社會

演化到一個熟人社會。這是同一個過程的兩個方面。所謂陌生人社會，是指絕大多數市民並不存在親友關係。而基本上是在新移民為主的陌生人社會階段。在這樣的城市，就業比重高，人們逐步通過日常工作與社會生活建立起互相依賴的新關係。由於來自不同地方有不同文化背景，需要更高的包容性。同時，社會人之間需要通過建立大家都接受的社會行為規範、準則和信任，才能讓整個城市進步。而這些規範和準則又是由城市管理者根據當時社會內外部環境制定和執行、並最終演化成該城市本身的文化和社會生活環境的。相反，熟人社會是數代人在上百年甚至更久的定居後演化成型的社會，有複雜的人際關係，從親戚、朋友、同學、同事，再到朋友的朋友、同學的同學。這些「關係」網絡無形中為「熟人」提供了很多信息、辦事渠道。與陌生人社會比較，「本地人」利益鏈和文化已經形成，越來越影響政府政策，並可能對新移民產生矛盾甚者歧視。是否仍然能夠對新移民抱着開放和包容的心態，很大程度取決於社會本身與新移民在文化和意識形態上的差異和認同度。

在中國，20 世紀形成的移民城市，人們最熟悉的有上海、北京。還有一些不太熟悉的，比如石家莊、攀枝花。有些是逐步而長期有新移民淨增長，比如上海、北京，也有因為某個特殊原因帶來一次性的新移民，比如攀枝花和石家莊。香港屬於前者，深圳則比較特殊——至今還沒有結束其從 1980 年開始的新移民連續增長。更多的文獻把這個過程看成城市化和城市規模控制的問題，但對移民城市本身的特性和問題關注不足。而我們這裏特別用一節的篇幅討論移民城市，是因為它可能是深港兩地今後如何互相嵌入式互動發展的一個重要基礎。

香港從開埠的 1842 年至今 180 年間，有幾次大的移民潮。其中，二戰前、1950 年前後、1967 年前後和 1997 年前後共四次是至今影響仍然可見。香港已知最早的詳細人口記錄是 1845 年，全港有 23,817 人。香港至今被視作移民城市，主要是 1945 年第二次世界大戰結束後

到 1950 年的移民：1945 年時香港人口為 60 萬左右，而 1950 年則達到了 220 萬，絕大多數是從中國內地來的新移民。根據我們估算，當時移民佔到了總人口的 80% 左右（見圖 4-4）。而它與之後香港進入工業化階段的發展非常密切。進入 1970 年代，香港本地出生的人數比例上升，新移民數量在嚴格控制下逐步下降，兩者共同作用下，移民佔總人口的比重持續呈下降趨勢，期間雖然有幾次比較大的移民潮，比如 1990 年代初因為擔心 1997 回歸的影響而外遷的和 1997 前後因為回歸而遷入的，但進入本世紀漸趨平穩。到 2020 年已經下降到佔到人口總數的 1/3 左右。但換言之，香港已經從一個移民城市逐漸過渡到本地出生人口為主的社會，即進入「熟人社會」。

圖 4-4　香港：從移民社會到本土社會

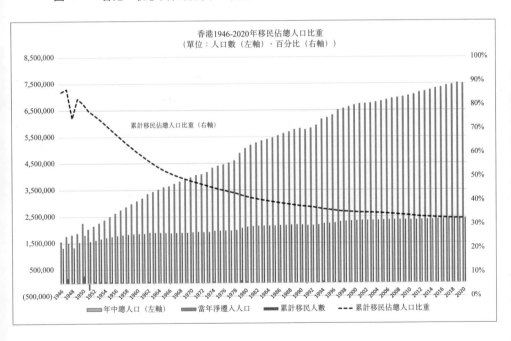

再看深圳。據寶安縣志等文獻記載，1979 年深圳建市之前，31.41 萬的原住民以客家人為主，客家人佔深圳原住民的六成以上。改革開放後，深圳設立經濟特區，在政策吸引下，廣東廣府系、潮汕系以及客家系三支人口率先移民深圳，與此同時，也吸引了湖南、廣西、江西等鄰省以及河南、四川、重慶等中西部地區人口。深圳設市後第一個十年 (1980–1989) 新移民累計 103 萬人，一下子變成了大城市。之後的十年 (1990–1999) 更新增 454 萬多人，即 20 世紀末的深圳市 632 萬總人口中累計新移民佔了 88%。進入 21 世紀的前二十年 (2000–2019)，移民累計總數佔總人口比重保持在 80% 以上。2019 年，深圳總人口已經高達 1,710 萬人，而其中 1980 年以來移民有超過 1,430 萬人，佔總人口的 84% (見表 4–1)。換言之，目前在深圳的非本地出生

表 4–1　1980 年以來深圳不同時期新遷入移民數量及佔總人口的比重

時期	期末總人口	總人口增量	本地人口淨增量 [1]	該時期移民人數 (遷入者)	移民累計總數 [2]	移民累計總數佔總人口比重 [3]
1980 年代 (1980–1989)	1,416,000	1,083,100	49,453	1,033,647	1,033,647	73%
1990 年代 (1990–1999)	6,325,600	4,647,800	104,752	4,543,048	5,576,695	88%
2000 年代 (2000–2009)	9,950,100	2,937,700	228,896	2,708,804	8,285,499	83%
2010 年代 (2010–2019)	17,104,000	6,732,000	717,233	6,014,767	14,300,266	84%

注 1：本地人口淨增量指一定時期內本地出生人口總數減去本地死亡人口總數的餘量。

注 2：以 1980 年為基點進行累計。

注 3：算法：如計算 1990 年代移民累計總量佔總人口比重，即 (1980 年代移民人數 ＋ 1990 年代移民人數)/1999 年人口總量，以此類推。由於缺乏歷年已故的定居移民之相關統計數字，因此，實際居民中移民佔總人口比重應該略小於該列數據。

的人口總數等於香港總人口的兩倍。

如此高的新移民比重，意味着特殊的人口年齡結構。根據第七次全國人口普查結果，2020 年 11 月 1 日深圳全市常住人口中，0−14 歲人口為 2,653,381 人，佔 15.11%；15−59 歲人口為 13,965,964 人，佔 79.53%；60 歲及以上人口為 940,716 人，佔 5.36%，其中 65 歲及以上人口為 565,217 人，佔 3.22%（見表 4−2）。

表 4−2　深圳市 2020 年全市常住人口年齡結構

年齡	人口數（單位：人）	比重（單位：%）
總計	17,560,061	100.00
0−14 歲	2,653,381	15.11
15−59 歲	13,965,964	79.53
60 歲及以上	940,716	5.36
其中：65 歲及以上	565,217	3.22

資料來源：《深圳市第七次全國人口普查公報（第四號）—— 人口年齡構成情況》，深圳市統計局 2021 年 5 月 17 日公佈。

雖然該結構與 2010 年第六次全國人口普查相比，0−14 歲人口的比重提高 5.14 個百分點，15−59 歲人口的比重下降 7.5 個百分點，60 歲及以上人口的比重提高 2.36 個百分點，65 歲及以上人口的比重提高 1.39 個百分點，但屬於適合就業或未來幾年將適合就業的人數（15−59 歲年齡段）的人口竟有近 1400 萬，並佔總人口的比重仍然高達 79%，仍然比全國高 16.18 個百分點，比廣東省高 10.73 個百分點，表明深圳人口依然「年輕」，還處於旺盛的「人口紅利」期。60 歲及以上人口的佔比僅為 5.36%，比廣東省的平均數低 6.99%，更比全國平均數低 13.34%。

可以成為全國最「年輕」的城市並保持該頭銜，關鍵就是移民。

從 1979 年到 2020 年，深圳常住人口數量從 31 萬增加到 1756 萬人，增長約 56 倍。相比之下，香港從上個世紀末開始，無論移民速度，還是本地新出生率，都明顯下降。根據香港政府統計處的分析和預測，即便人口在 2031 年上升到 870 萬，勞動人口並不會跟隨上升（見圖 4-5）。

圖 4-5　香港勞動力人口佔總人口的比重持續下降的趨勢

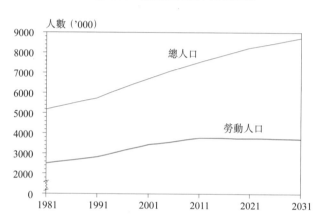

資料來源：香港特區政府統計處

　　從移民城市這個角度考察，除了移民速度、累計移民數量、移民佔總人口的比重及其變化，香港和深圳這兩個城市在移民來源地方面也有可比性。雖然香港在二戰後到 1950 年期間的大量移民中有因為政治等原因攜資本逃離內地的一批企業家，但當時以及其後陸陸續續以包括偷渡方式「Touch down」（抵壘）香港市區而拿到居留權的人，大部分是廣東省人。

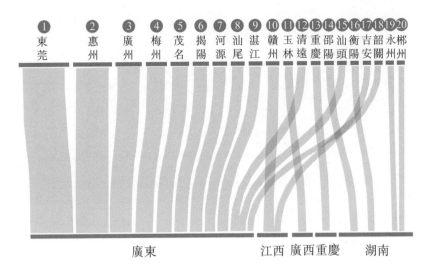

圖 4-6　深圳遷入人口之來源的前 20 個城市（2018 年百度人口大遷徙數據）

資料來源：21 數據新聞實驗室

　　類似地，深圳這個經常被稱為不説廣東話的廣東城市，其實也有一半以上的人來自廣東省。

　　廣州中山大學吳蓉、潘卓林、劉樺，及武漢大學李志剛分析了深圳新移民的來源與聚集居住的分佈（《熱帶地理》，2019）。整體上，新移民與本地居民和「精英階層」聚居地有明顯不同（見下圖 4-7）。大部分新移民居住在原深圳特區外的幾個地區，特別是寶安、龍崗、龍華。其中，戶口登記為廣東省內其他縣市的新移民與省外新移民在分佈上有明顯的不同：省內新移民多集中在「關內」（既原深圳經濟特區內）及近郊地區，而省外新移民則居住的空間分佈多為關外和遠郊區。整體上，這形成了一個空間分佈上的「差序格局」。這揭示了一個有趣的現象：雖然我們常常聽到一句體現深圳包容度的話──「來了就是深圳人」，但這幅地圖後面的故事告訴我們，不同階層的新移民雖然都來了深圳，但他們卻聚居在深圳不同的區域。我們在後面的第八章比

圖 4-7　深圳市社會區類型

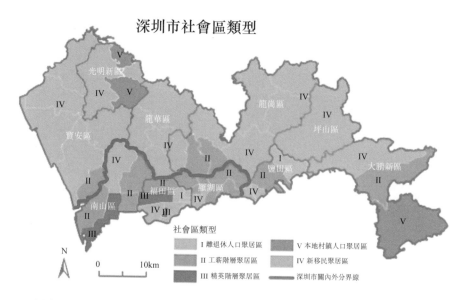

資料來源：吳蓉、潘卓琳、劉樺、李志剛（2019）

較香港和深圳兩個超高密度發展的城市時，還會進一步探討這方面的問題與挑戰。

4.5　深圳「比較環境」的本質：能抓老鼠的白貓

前面三節，我們從有形的手（政府）、無形的手（企業與背後的市場）、市民整體特徵（新移民及移民城市）這三個角度看深圳這個「比較環境」的形成。有形和無形的手，是設立這個環境的行為主體，市民是這個環境設立後的行為主體。李東泉和朱祁連在分析深圳特區制度

變遷時,繪製了一個該制度形成的主要動因及其關係(見圖4-8)[11]。這兩位學者準確地把「國家支持」指向了「強制性制度變遷」,而鄰近香港的「區位優勢」和「移民城市」看作是「誘制性制度變遷」的兩個主因。

關於「區位優勢」,該文指出:

「深圳藉助鄰近港澳,特別是香港的區位優勢,不僅在經濟發展方面得到香港、以及通過香港得到來自海外的資本、技術和人才投資,同時,在制度建設方面也獲益良多。香港多年的殖民管治留下的最大遺產,就是健全的法律體系,以及與之相配套的公開、公正的法律程式和深入民心的法治觀念。而深圳的地理位置及其與香港的密切往來,香港如同一個『看得見的榜樣』,使得制度的移植比內地其他城市更直接與快捷。因此,在深圳的經濟特區法規中,約有三分之一是在國家相關的法律法規尚未制定的情況下,借鑒香港及國外優秀法律文化先試先行的。」[12]

關於「移民城市」,該文認為:

「移民城市通常也是一個陌生人社會。從農業社會向工業社會的過渡,伴隨着從熟人社會向陌生人社會的轉變。在熟人社會中,發揮社會整合作用的主要是習俗、習慣和道德,而陌生人社會則需要通過健全法制和民主的途徑去獲得理性秩序。深圳由於是移民城市,所以在城市建設之初,沒有熟人社會的束縛,從而使得與市場經濟體制相配套的各項法律法規能夠順利制定並得到有效實施。總之,在制度建設方面,深圳人民充分發揮了移民城市的移民精神,使誘致性制度變遷成為深圳強制性制度變遷的有力補充。」[13]

---

11 李東泉,朱祁連(2012)

12 李東泉,朱祁連(2012)

13 李東泉,朱祁連(2012)

關於制度變遷的方式，該文是這樣定義和判別的：

誘致性制度變遷指的是一羣（個）人在響應由制度不均衡引致的獲利機會時所進行的自發性變遷，而強制性制度變遷指的是由政府法令引起的制度變遷。在社會制度變遷過程中，政府是最重要的一個，初始的制度變遷常由政府推動。這兩位作者更相信，深圳的制度變遷符合這一規律，其經濟體制的形成過程，可以説是由國家的強制性制度變遷為先導，其後主要是在以政府推動為主的誘致性制度變遷展開。

不過，這些制度變遷都局限在經濟體制範圍內。上世紀最後十年，招商局的袁庚曾經在將其從香港借鑒、在蛇口工業區建立的、適合市場經濟的管理體制和制度進一步推向社區管理和社會服務制度時，受到了巨大的阻礙，最後不得不全面放棄。即使在 1992 年有「鄧小平南

圖 4-8 深圳制度的構成模式圖

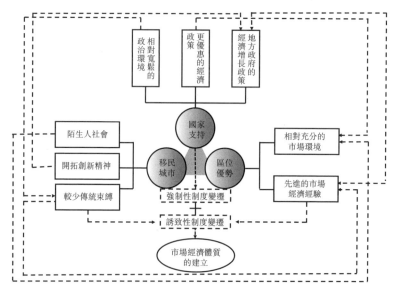

資料來源：李東泉，朱祁連，〈深圳特區制度的歷史實證分析及未來展望〉，《城市觀察》，2012 年第 1 期 97–108 頁。

巡」那一次對深圳改革開放的肯定，所肯定的改革開放成果，也局限在企業管理、市場的建立與管理、人才流動、人才激勵等方面。走得最遠的，也不過是企業產權的變更和特殊的稅務優惠（減免省內財政稅收）。

鄧小平在 1960 年代主政中央經濟時期，曾經說過的名言「不管白貓黑貓，捉住老鼠就是好貓」，似乎也是用來描述：只要可以把經濟搞上去，甚麼（經濟）手段都可以，不用理會是甚麼「主義」。然而，香港與深圳的差別不僅僅是經濟制度，更是政治和社會制度，而且不僅 1997 年以前英國統治香港時期是如此，1997 年香港回歸後仍然如此，「50 年不變」，無論兩個城市在經濟制度上有多麼近似。「市場為主的社會主義」── 中共中央對目前中國經濟制度的定義，就是將「市場」本身曾經含某種資本主義才有的制度中性化，並將其納入社會主義的定義中。至於甚麼是社會主義，則不僅不是深圳自己可以定義的，而且也是中國內地任何一個城市所不可以逾越的政治體制設定。也就是說，如果我們把「捉住老鼠」定義為把經濟搞好，把人民生活改善，通過市場經濟體制實現「現代化」這個目標，這隻貓必須是白色的，即通過社會主義的社會和政治制度及意識形態來實現，而不能是黑色的，即通過資本主義的社會和政治制度及意識形態來實現。這一點即使在深圳經濟特區，以及後來建立的任何特殊功能區或者「比較環境」，比如上海和廣東的自由貿易試驗區，再如海南全省範圍建立的自由貿易港體系，也不能有分別。如果當年發展深圳經濟特區時這條底線還不夠清晰，那麼過去這十年則越來越清晰了。

因此，深圳「承接」香港的內涵，從一開始就限定在**經濟發展勢頭、對外開放門戶和市場管理制度方面**，因為深圳特區是作為中國整體經濟的一個實驗室來建設的，包括實驗市場體制如何與社會主義政治和社會制度銜接、如何把成功銜接的結果擴散到全國。而這個實驗被確

認為成功，也是可以在社會主義制度基礎上推廣為前提的。本書下面的五章，會集中展開論述這三方面如何承接香港的具體過程、方式和特點，以及它最終如何逐漸走出了自己的路徑與方向。

第五章

深圳承接了誰：
產業轉移與「前店後廠」

上一章講到深圳特區的建立，雖然從一開始就有依託香港這個區位優勢，並在中央政府特別是鄧小平的明確支持下建立了市場機制，在蛇口開始了各種制度試驗，但經過幾年的摸索，也越來越明確了其與香港的區別：必須堅持建設一個在社會和政治體制上與內地是一致的制度，這樣才能在未來逐步將成功的經驗推廣到全國，形成一個「市場為主的社會主義」。從「比較環境」這個演化經濟地理學的語境看，就是深圳需要「兼容」的主要是內地，但又必須部分兼容香港的制度，否則就無法真正利用好香港。即是說，「白貓黑貓論」只局限於經濟手段。一旦考慮了其他方面，就算能抓住老鼠的，仍然必須是白貓才可以養。有意思的是，這種與香港劃清界限的比較環境設計，不僅對香港 1997 平穩過渡有利，而且在我們本章開始的分析可以看到，它讓深港兩地都更明確了自己的經濟定位。

　　從第五章開始到第十一章，是演化分析港深互動關係的核心部分。本章首先分析 1980 年代開始的產業轉移與擴張，然後討論之後形成的「前店後廠」模式。這方面雖然有大量史實和文獻，但真正把着眼點放在兩個城市的關係上的極少。要揭示的不僅僅是產業轉移和擴張以及前店後廠模式的形成，還有在這個過程中一些既意料之中，又出乎意料的地方。

5.1 新界就業職位北移之論

深圳特區成立於 1980 年，當時香港從事製造業的人口約為 990,000 人，佔總就業人口的 42%。十年後，這個數字跌至 650,000，比率降至 28%，反映出大約從 1986 年開始，香港製造業跨境北移內地，特別是珠三角地區。自 1990 年起，香港本地的工廠規模不斷縮小，製造業從業員不斷遞減，昔日繁忙的工廠大廈不斷被關閉。位於新界以及其他郊區的大量工廠工人失業。他們學歷不高年齡又不輕，不得不回到傳統的九龍和港島市區，在例如傳統零售和旅遊等服務行業中尋找不同工種類別的就業機會。由於住在原工業區集中的屯門、元朗、天水圍等本來可以職住同區的地點，到九龍甚至港島工作，就不得不接受長距離通勤的時間耗費和更高的交通費用。

不過，值得注意的是，雖然香港大部分製造業北移是因為當時中國的改革開放政策，讓內地成為廉價工作力和廉價（土地）租金，形成了非常有力的低成本競爭生產基地，**但如果從製造業內涵看，深圳工業起飛並非主要來自北移的香港製造業，儘管它與香港僅僅一河之隔。**

1970–1980 年代，香港製造業鼎盛時代的主要行業頭三位是：成衣（服裝）製造業、玩具製造業、鐘錶製造業。讓我們回顧一下它們的發展，到底有沒有落地深圳，如果沒有，為甚麼？

成衣製造業。香港製衣業，內地叫服裝業，以 1920–30 年代這裏有大量的紗織廠（紡織廠）為基礎，原料就近，起飛在 1960 年代初期，才發展十來年的製衣業就超越紡織業成為出口收益最大的行業。香港經濟起飛，一個彈丸之地面向世界市場，靠的是刻苦耐勞的新移民所形成的勞動密集行業。製衣業也是香港製造業中僱用工人最多的工業。1950–70 年間，香港製衣廠的數目以年均 24.9% 的速度成長，僱員人數以年均 24.6% 的增長率上升。按 1975 年的統計數字，香港當時共有

8,047 間製衣廠，佔製造業工廠總數 25.9%，共僱用 257,595 名工人，佔製造業僱員總數 37.9%，成為製造業中規模最大的行業。由 1975 年至 1980 年代中期增速開始放緩，直到 1987 年製衣廠的數目達到頂峰的 10,556 間，但卻只佔當時製造業工廠總數 20.9%。1986 年的製衣業僱員數目也達到頂峰，共有 299,932 人，佔當時製造業僱員總數 34.5%。而以淨值計算，香港在 1973－85 年間是世界上最大的成衣出口地區（除了 1978 年和 1979 年被意大利超越外）。1986 年，意大利再度超越香港，從此香港漸漸失去領導地位。2020 年，業內製造商僅剩 490 家及 2,980 名員工[1]。不過，香港仍然是全球服裝採購樞紐。香港的服裝公司對布料採購、銷售推廣、品質控制、物流、服裝設計以至國際及國家法規均經驗豐富，專業水準及周全服務傲視區內同儕。這些公司是香港進出口貿易界中較大的羣組。2020 年，業內有 12,530 家機構，僱用 61,090 名員工，保持為全球第 12 大服裝出口地[2]。

　　成衣和鞋帽製造的確曾經是港資到深圳興辦的主要企業類別之一。1980 年至 1985 年，港商在深圳投資的紡織服裝企業中，規模較大的有南方紡織有限公司、深圳華絲企業有限公司、深圳永新印染有限公司、深圳百麗鞋業有限公司等。不過，港資興辦的成衣或服裝製造業更遍及珠三角很多城市，包括東莞、順德、珠海、梅州等。1990 年以後，整個紡織服裝業在廣東省開始收縮，之後仍然保留一定聚集優勢的有佛山、中山、東莞，深圳已經不在其內。根據前瞻產業研究院的研判，（如圖 5-1 所示），到 2022 年，廣東省的服裝業已經形成比較清晰的專門化地方集羣，如潮汕地區以針織內衣為主，廣佛等珠三角西部城

1 〈香港製衣業的發展過程及文化解剖〉，網絡文章，2009 年 2 月 4 日刊載於微服網
2 陳永健，文美琪：香港服裝業概況，2022 年 1 月 6 日，香港貿發局網站。

市在牛仔服裝等細分領域有集羣規模優勢。深圳不僅不再是香港成衣投資對象，而且也不再以此行業為發展方向。

圖 5-1　廣東省服裝業主要子行業的聚集與分佈

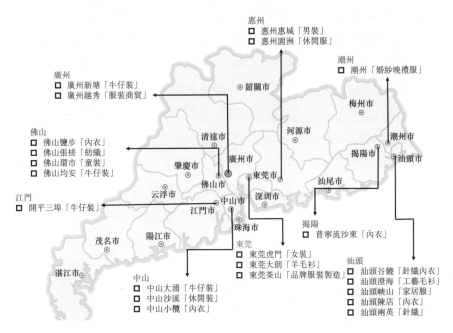

資料來源：前瞻產業研究院

　　玩具製造業。這是讓香港引以為豪的行業[3]，1950 年代起步、1960 年代初期走向多元化發展。除了生產簡單的塑膠玩具外，廠商開始生產以馬達和電池操作的玩具產品。1960 年代後期至 1970 年代，香港以低廉生產成本，形成價格競爭力，憑着有效的市場推廣、低廉價格、

3　嶺南大學香港商學研究所：「香港玩具業之經營、外部營商環境與發展前景」調查報告，2001 年 11 月。

品質優良、短時間內完成訂單、交貨期准、對客戶產品產權尊重和靈活變通的市場策略等，香港玩具業逐漸成了世界重要的玩具生產地區之一。1980 年代是香港工業發展重要的轉振點，香港玩具業亦在這個時候有了進一步的拓展。80 年代早期，香港的玩具出口已超過了日本，成為全球最大的玩具出口地區。

玩具製造業在香港經濟中的作用和影響很大。1960 年代的香港只有 500 萬人，按照中國內地的分類，稱得上重工業的或者資本密集的行業，除了電力之外，幾乎為零。如果把紡織廠和製衣廠看成是同一個供應鏈上的中游和下游兩個環節，那麼，因為有很多不同材質的玩具，玩具作為下游行業，應有一系列中游行業與之對應。而因為玩具又是不斷跟隨社會和科技及材料的進步而變化的。例如，早期針織和布娃娃對應紡織品；金屬玩具如小火車對應金屬材料工業；電子玩具對應電子工業、文字遊戲類玩具對應紙張、印刷、木材行業；塑料玩具對應塑料化工業等。而且玩具業與禮品業和包裝業又是相通的，比如當年全球風靡一時的塑膠花，就是塑料玩具的衍生品，而香港地產大亨李嘉誠當年就是以製造塑膠花起家的。

玩具業除了可能帶動和影響多元的中游企業，還有另外一個對香港產生深遠影響的是其可以用非正式工廠的方式完成部分加工的性質，這對應了當時香港很多家庭雙職工就業之餘，還把諸如塑膠花等的裝配帶回家中完成的現象。這雖然讓很多底層勞工家庭度過了艱苦奮鬥的日子，同時是貼牌生產（OEM）企業應對訂單大幅度波動的彈性生產手段。從某種意義上，香港當年的玩具製造業代表着香港製造業整體的幾個明顯的特徵：（1）中小企業為主；（2）貼牌生產為主；（3）小型最終消費品為主。這些特點與香港製造業是在一個傳統貿易門戶城市起家有關，因為它的既有供應鏈網絡與海外特別是歐美市場有着緊密的商貿聯繫，香港企業可以以最快的市場速度去爭取訂單。然而，

這種轉身快的靈活貼牌生產，雖然積累下來了優秀的品質控制和良好的信譽，甚至產品外觀改進和設計的人才，卻極少可以獲得高端或者領先的核心產品技術創新能力。本書在這裏提到這一點，是因為當香港企業將它們的生產線轉移，甚至大規模擴建到內地特別是珠江三角洲地區時，情況並沒有改變。

1980 年代中後期，香港玩具業北移，中國內地成為玩具生產大國。借着承接產業轉移的歷史機遇，廣東開始成為重要的玩具生產基地[4]，中國隨之成為世界玩具生產大國，2018 年已經佔到世界市場份額的 70% 以上。貼牌生產 (OEM) 是中國玩具產業步入現代化大發展初期的主要形態。20 世紀 80 年代到 21 世紀初期，玩具行業經歷了一段中國製造的輝煌時期。時至今日，全球 70% 以上的玩具在中國生產，最重要的玩具生產和出口基地是「五省一市」：廣東、江蘇、上海、山東、浙江和福建。廣東是中國的玩具超級大省，2019 年佔全國玩具出口額 69%。特別值得注意的是，雖然深圳、東莞和廣州也有玩具生產，但香港玩具業北上擴大規模的企業，主要集中在汕頭澄海和佛山，典型的如香港利達實業集團。僑鄉澄海集中了廣東省八成生產、世界玩具三成生產的市場份額。佛山是另外一個重要的基地。當時美泰香港分公司在中國內地選址建廠，先後考察了上海、廣州等地後，最終決定將中美玩具廠落戶佛山的官窰。在最高峰時，中美玩具廠員工超過 1 萬名，一天可以出 40 個貨櫃，產值佔到當時官窰工業總產值的五分之一。其生產的芭比娃娃，佔全球芭比娃娃總量的 35%，精品芭比娃娃佔 90%。

這方面最值得關注的應該是香港玩具企業如何進入深圳。到底有

4　黃子婧：廣東玩具 30 年系列之一 —— 小娃娃撬動大產業，2018-04-05《中外玩具製造》雜志

多少家港資玩具廠在深圳落戶，這已經難以考察。但有兩個港資玩具企業進入深圳是特別引人矚目的。一個是 Kader（開達集團），1982 年就進入蛇口工業區，成立了凱達玩具廠，這是深圳也是中國內地首家香港獨資企業。1,000 名勞動部門統一招工來的流水線女工後來被稱為「凱達妹」，是中國第一批非本地「打工妹」。另一個是在香港號稱「玩具大王」的蔡志明的旭日集團，在深圳投資的工廠。旭日公司成立於 1972 年，位於香港觀塘工業區，貼牌生產史諾比商標玩具。該公司於 1984 在深圳龍崗成立新南工廠，有員工 500 人。1987 年擴招到 5,000 人。1991 年再擴建深圳禾廈廠，佔地面積 80 萬平方英尺，員工 10,000 人。1994 年收購美國合金玩具企業整合鏈條並更名為「旭日集團」，深圳仁武工廠建成，佔地 120 萬平方英尺，員工 12,000 人。1997 年在深圳特區外龍崗區的平湖，旭日山廈工廠建成，到 1999 年總佔地面積 250 萬平方英尺，員工也達到 10,000 人。有估計認為，旭日集團在廣東的玩具廠規模最大時達到 80,000 人。這些港商出口加工企業以生產高品質玩具著稱。業界大部分收益來自為海外業界巨頭、品牌擁有者及授權項目持有人進行的外包生產業務，例如美國迪士尼（Disney）、孩之寶（Hasbro）、美泰兒（Mattel）和華納兄弟（Warner Bros.）、德國夏芙（Zapf），以及日本萬代（Bandai）和多美（Takara Tomy）。生產規格及產品設計通常由海外買家提供，這種安排可使本地製造商儘量降低在產品設計、存貨和營銷等方面的風險。但同時，製造商對產品未來的定位、創新、市場開拓等高回報和決定命運的關鍵環節沒有話語權，所以也沒有任何研發、人才和銷售網絡方面的積累。

同時，值得特別注意的是這些 1986–1991 年期間北進到深圳的玩具廠，當其擴大規模時；或把新廠設在深圳經濟特區外的平湖等地（旭日集團），或者更遠地跑到珠三角外的河源、陽江等城市。2003 年金融海嘯來臨後，全球供應鏈轉移開始，當時不少依賴國際市場生存

的玩具企業希望在內地市場競爭，但除了潮汕地區的澄海，其他地區的玩具商轉向內地市場並不成功。中美關係惡化進一步加劇了出口玩具業的危機。根據擁有超過 2,000 家中國玩具企業分享資訊的「玩具行」——微信公眾資訊平台跟蹤報導，2020 年 3 月，旭日國際正式完全撤離深圳，至此，玩具行平台盤點撤離深圳的大型 OEM 玩具廠為十一家。

鐘錶製造業。根據香港特區政府工業貿易署資助，香港鐘錶業總會與生產力局長達 18 個月的調研後，與 2013 年出版的《香港鐘錶業發展指南》[5]，1930 至 1960 年代，香港鐘錶業由零開始，推動這行業的發展主要是營商態度驅使，這個時期以貼牌生產階段為主，1950 年代開始為美國大廠做配件。1960 年代，香港鐘錶業有了進一步的發展，多家瑞士鐘錶廠來港設立裝配生產線，於香港生產及出口中檔次手錶，並一改以往以錶芯出產國來決定原產地的做法。香港政府也跟隨瑞士方面的做法，宣佈以裝配地來決定鐘錶產地，而非過往的以錶芯來決定。這樣一來造成了不少外資鐘錶裝配廠撤出香港，但反而為本地華資鐘錶產業減輕了競爭。

1970 年代，隨着日本石英電子錶的出現，香港鐘錶也開始邁向較高科技的層次。1974 年，香港錶廠生產出第一隻 LED 電子手錶，同期香港鐘錶業出口大增，1975 年輸出 25 萬隻電子錶。1979 年，香港手錶出口達 7,339 萬隻，其中七成為電子錶，成為全球產量第一的地區。這時期香港生產手錶主要外銷美國，其次為西歐、日本、東南亞、中東和南美地區。

1980 年代初香港鐘錶廠尚穩步擴張，由 1,187 家上升到 1985 年的

5　參見香港特區政府工業貿易署（2013 年）《香港鐘錶業發展指南》第一篇〈香港鐘錶業的歷史〉。

1,436 家，繼續保持全球產量第一，但仍然是以貼牌生產（OEM）為主，雖然個別廠家有了 ODM 的能力。

1990 年初，香港鐘錶廠將生產線遷往內地開始成為大勢，隨後將產品經香港轉口至世界各地。這是一個比較徹底的轉型，令香港鐘錶出口值下降，轉口值上升。這情況迅速反映在 1990 年代初的貿易數字上，香港鐘錶出口值由 1990 年的 194.46 億港元，跌至 1992 年的 154.76 億港元，而轉口值則由 1990 年的 110 億港元，增加至 1992 年的 210 億港元，兩年間變化之大，轉口值增幅達 91%，從此轉口貿易變成了香港鐘錶業的主要角色。

2000 年後的大事是中國在 2001 年加入了世界貿易組織（WTO），當中的承諾是中國對進口所實施的配額限制將會逐步被取消，意味着廠商進口內地的鐘錶零部件的部份關稅可獲減免；而中國與香港於 2003 年亦簽訂了「內地與香港關於建立更緊密經貿關係的安排（CEPA）」。CEPA 要求申請零關稅之貨品必須符合在香港增加 30% 生產附加值的要求。但作為貼牌生產為主的香港鐘錶業，大部分鐘錶零部件均是從內地或外國進口，難以符合 CEPA 要求，這成為了 CEPA 後鐘錶業界港商沒有如預期迴流本港生產的原因之一。

2010 年至今，香港鐘錶業本土製造已經式微，出現了一些自己設計製造的本土品牌（ODM），如 EONIQ、H.I.D、o.d.m.，但目標是小眾市場，企業規模也很小，比如 EONIQ 屬於只有 10 人規模的機械表手工作坊。另外，以蘋果公司帶動的「運動穿戴設備」中具有藍牙或 WiFi 連接的多功能手錶開始大行其道，也給傳統手錶工業帶來致命打擊。

香港鐘錶企業北移珠江三角洲的拓展，基本上沒有回歸的可能。根據本人收集到的資料看，有以下幾個特徵和原因：

- 比較有規模的香港鐘錶企業選擇了不同的城市落戶，成本是首要考慮。一些比較具規模和名氣的企業，從 1987 年以後進入內地的，往往選擇東莞、珠海、佛山等地設廠，而不是深圳。雖然可能各有不同的原因，但相信成本更低是主要因素。即使是選擇深圳，也往往設廠於經濟特區之外的寶安等地。

- 選擇深圳的企業很快由內地企業主導，擴張後的企業不再有香港的影子。一些後來成為深圳甚至全中國最大的手錶品牌生產商，幾年時間就從合資企業變為中國企業（尤其是國企），例如中航國際集團所屬的「飛亞達」。這類企業從成立就是以內地市場為主，以低價為主。即使後來有部分出口，也是爭奪低價市場，以量取勝。

- 北移後的企業，繼續貼牌生產的，其出口產品仍然選擇經過香港轉口為多。他們往往將銷售網絡和總部服務設在香港，屬於真正的「前店後廠」企業。

- 成衣／服裝製造業這個曾經在香港經濟起飛時期有重要貢獻的行業，1980 年代進入珠三角，主要是尋找地租低廉、公路可以連結、勞動力充足、可以收到政府稅務優惠的城市落腳。因此，他們不斷在空間上尋租，逐漸遠離土地和人工越來越貴的深圳等地。現在繼續在廣東省發展的香港成衣企業已經鳳毛麟角。

- 隨着中國內地逐漸富裕，香港鐘錶業的市場也逐漸以內地為主，從而失去了再回香港生產的理由。2013 年香港工業貿易署的《香港鐘錶業發展指南》中披露的被訪企業的市場比例（見圖 5-2），大中華地區市場比例高居 38%，其中主要是內地市場。

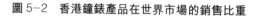

圖 5-2　香港鐘錶產品在世界市場的銷售比重

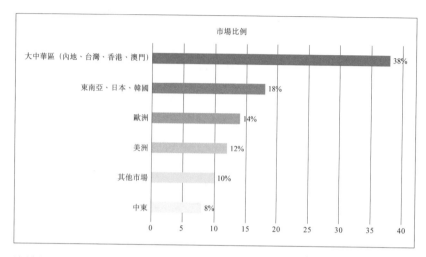

市場比例

大中華區（內地、台灣、香港、澳門）　38%
東南亞、日本、韓國　18%
歐洲　14%
美洲　12%
其他市場　10%
中東　8%

0　5　10　15　20　25　30　35　40

資料來源：香港特區政府工業貿易署（2013 年）《香港鐘錶業發展指南》第 34 頁。

　　香港「鐘錶大王」、中華廠商聯合會會長李秀恆是這樣描述其企業進入中國內地後的演變過程：「以往，我們發揮內地市場開放的優勢，同時，勞動力成本低、土地成本低的優勢，把我們在內地的工廠一個變成兩個，把工廠一級一級擴張。我們最多的時候，在東莞有 2,000 多工人。但是現在，我們的工人從 2,000 多人減到 300 多人。為甚麼？因為現在已經不能單靠便宜的勞動力和土地成本來做一些勞動密集型的東西了。我們原來是一條龍，甚麼都自己做。現在，我們把很多工序拆散了，給一些加工企業來做，比如廣西的工廠、內蒙古的工廠，所以，我們自己的的工人雖然少了，但是我們的生產總量並沒有怎麼變，我們請的工人反而少了，負擔也輕了。」[6]

6　央廣網（2017）：專訪香港「鐘錶大王」李秀恆，〈香港企業家要走在轉型前面〉，
　　2017-07-11

整體而言，如果說，當年香港工業化時中小企業靠的是外貿網絡帶來的外包（Subcontracting）生意、靈活變通的應對能力和良好的品質控制，那麼，這些企業北移珠三角以後，因為外包和貼牌生產的本質沒有任何改變，盈利靠的是低廉的租金、高品質的廉價的勞工、出口退稅政策補貼和規模效益。上面提到的兩個來自香港的玩具企業開達和旭日，都是進入中國內地後才大規模擴張的。他們把工廠設在深圳經濟特區以外（包括深圳「二線」範圍的龍崗等地區和深圳以外的城市），一方面可以獲得面積更大、租金更低的土地，同時也獲得各方面更寬鬆的管治，這兩方面正是那些地區與深圳特區競爭的有限手段。一方面，在執行企業增值稅「兩免三減半」的政策時比較寬鬆[7]，讓企業不擔心稅收問題。同時由於有 3%-17% 不等的出口退稅補貼款，讓港資公司容易盈利；另一方面，因為出口退稅補貼的款項來自中央政府，地方政府只需要投入基礎設施（所謂「五通一平」）和招商引資成功，企業落戶後產生的 GDP 成為政府政績，同時，民工以及輔助性行業的聚集也帶動了地方經濟活動。這種「企業地方雙贏」維持了相當長的時間，直到中央政府決定改變承擔 100% 的出口退稅，讓地方負擔一半，地方上幾乎無條件地歡迎出口加工企業進駐的思維才開始改變。

5.2　香港核心製造業在深圳：絕對規模大，相對比例小

深圳鐘錶產業始創於上世紀 80 年代初期，即香港鐘錶與珠寶北移的時期。與玩具行業不太相似，香港鐘錶行業遷移內地的同時後保

7　1994 年公佈的《中華人民共和國外商投資企業和外國企業所得稅法》第八條規定：「對生產性外商投資企業，經營期在十年以上的，從開始獲利的年度起，第一年和第二年免征企業所得稅，第三年至第五年減半徵收企業所得稅，外商投資企業實際經營期不滿十年的，應當補繳已免徵、減徵的企業所得稅稅款。」

留了一些中高端的研發和創新製造。香港鐘錶公司從原件製造（OEM）及原創設計（ODM）逐步轉型至原創品牌（OBM）業務。知名度較低的新晉品牌在訂貨量較少，很難發揮規模經濟效益，仍然會到內地生產，不過有少數 OBM 生產商仍然保留香港基地以製造高價值自有品牌產品。

從表 5-1 可以看到，香港到玩具業和鐘錶業已經幾乎完全退出製造過程，而玩具業的角色已經完全是依靠來自中國內地製造的產品轉口。而鐘錶業雖然製造式微，但出口業務仍然是雙向的，即中國產品出口佔五成，另外一半是中間貿易。

表 5-1　2020 **年香港的鐘錶業與玩具業的規模**

	鐘錶業		玩具業	
	（億港元）	佔總出口比重	（億港元）	佔總出口比重
產品出口	0.87	0.2%	1.07	0.3%
轉口	462.99	99.8%	336.91	99.7%
其中來自中國內地的產品	241.39	52.0%	316.33	93.6%
總出口（2020 年）	463.86	100.0%	337.8	100.0%
企業 / 機構數目	（2021 年）		（2020 年）	
製造	40		50	
進出口	3710		2220	
就業人數				
製造	130		400	
進出口	19770		9760	

資料來源：香港貿易發展局網站，2022 年更新。

根據《消費日報》2021 年 9 月的報導，深圳 200 多家大中型鐘錶企業已經擁有自主品牌。在中國鐘錶「十強企業」中深圳佔 7 個。深圳自主品牌已逐步進軍歐洲、中東、非洲、東南亞等鐘錶市場，初步形成國際化品牌佈局。深圳市鐘錶行業協會會長朱舜華指出：「據悉，目前全球有鐘錶微精密技術生產能力的三大基地分別是瑞士、日本和中國。以深圳為主的粵港澳大灣區已成為全球主要的手錶生產和配套基地，中國手錶產量佔全球產量的 80%，深圳手錶產量佔中國手錶產量的 53%，佔全球手錶產量的 42%。」[8]

然而，對於深圳特區以至於整個深圳市而言，電子產品和電信器材設備，特別是手機、電腦、影音設備、互聯網服務設備等，才是這個城市最大也是最成功的核心產業。深圳特區出現之前，香港也有一些很不錯的電子產品和設備製造企業，比如半導體芯片材料加工設備的製造商 AMS 太平洋公司、當年著名的印刷線路板生產商依利安達、全球最大嬰幼兒和學前電子學習玩具供應商兼全球最大室內無線電話製造商偉易達（Vtech）等。偉易達 1976 年在香港成立，1986 年成為全美銷售電子學習輔助產品的最大製造商。1988 年首次進入中國內地，在東莞設廠，1997 年於東莞再擴建新廠。2005 年，已經開始到珠三角以外的廣東清遠市設廠。而依利安達則把工廠設在了開平和廣州。

5.3　深圳核心產業與香港的關聯

當今深圳如日中天的核心產業，不是服裝，不是玩具，也不是鐘錶，而是以電子信息和網絡設備為核心的高科技產業。知名的世界級民營企業如華為、騰訊、中興、大疆等都在這裏。那麼，這些企業，

8　《消費日報》：深圳再獲「中國鐘錶之都稱號」，2021 年 9 月 28 日

這個產業，以及深圳其他支柱產業，又與香港有甚麼具體的關聯才談得上「承接」？或者根本就不存在繼承或承接的關聯？

所謂與香港經濟的關聯，應該考慮三個方面：**(1) 香港企業的參與；(2) 香港資金的參與；(3) 香港貿易和物流渠道的作用和貢獻。**上面已經提到，香港工業化完成時的核心製造業與深圳起步和逐步成為核心的產業並不吻合，所以，讓我們就從深圳最核心的電子工業中香港企業是否和如何參與談起。

深圳電子工業的發祥地是上步工業區。1980 年，深圳市城市建設規劃委員會成立，規劃了上步工業區和八卦嶺工業區。深圳市政府更在 1980 年就制定了政策，提出工業以發展電子工業為主。上步工業區的範圍，南至深南路，北達紅荔路，西至華富路，東抵上步路，即今日深圳福田區華強北商業街。「華強北電子一條街」名字中的「華強」，就來自當時進入區內的華髮、桑達、中航、華聯發、華強、愛華等幾個企業之一。華強電子公司、賽格集團、京華電子公司等公司，沒有一個是港資企業，甚至不是民企，而是電子工業部、兵器部等國企和軍工企業合資成立的。上步工業區從製造收錄機與電視機開始，逐步向 VCD、DVD、電腦、手機等電子產品轉型，完成了產業的升級換代。1988 年初開業的「賽格廣場」，開創了後來全球著名的深圳電子配套市場（賽格電子市場的前身）。到了 1990 年代中期，萬佳百貨在這裏辦了深圳最早的超級市場之一，並帶動了整個街區向零售業轉型。各種商業綜合體例如「女人世界」、「兒童世界」、「男人世界」都紛紛出現，大量的餐飲業開始在這裏聚集。位於大量居住區與政府辦公聚集地之間的上步工業區一帶出現土地使用的轉換，零售業逐漸取代了製造業，電子加工工廠逐步遷出了這個已經由郊區變成鬧市區的地段。

有意思的是，剩下與電子有關的，是賣「山寨」手機走紅全國的「賽格廣場」。甚至在很長時間裏，有非洲商販從這裏買了手機，經香港機

場銷往自己的國家。而賽格廣場恰恰代表了最初從這裏走出去的企業當年的形態：後來成為知名房地產商的王石在 1984 年在深圳初創的公司，經營現代科教儀器展銷，販賣投影機和錄像機；1985 年，侯為貴創辦了中興半導體，做着從電風扇、電子琴、冷暖機到電話機無所不產的加工生意；1987 年，任正非從深圳西部的央企「南油」離職後，創辦了華為，最初只是香港一家生產使用者交換機的公司的銷售代理。

在大多數人的印象中，深圳和珠三角東部的其他城市包括東莞、惠州等一樣，承接香港北移的產業，繼續和擴大 OEM 貼牌生產，以「三來一補」方式做出口產品生意，然後在一段時間裏，即 1985 年到整個 1990 年代，進入了所謂「前店後廠」時期，即在珠三角生產，經過香港企業之手賣到海外市場。玩具、鐘錶、服裝，應該是這樣的。但深圳的核心產業不是這幾個，雖然深圳目前仍然是世界上手錶產量最大的城市。

讓我們仔細考察深圳從那時候到今天的核心產業 —— 電子信息工業。早在 1984 年，深圳頒佈《深圳經濟特區引進先進技術鑒定暫時辦法》，正式由政策推動高科技產業引進。1985 年 7 月，深圳市政府進一步與中國科學院、廣東國際信託投資公司在深圳經濟特區內的南山區合辦第一個國家級「深圳科技工業園」。作為中國第一個高科技產業園區，其規劃文件中明確提出該園區是「一個以引進國內外先進技術，引進外資，開拓新技術產業，開發和生產高技術產品為宗旨，以電子信息、新型材料、生物工程、光電子、精密機械等領域為重點的生產、科研和教育相結合的綜合基地」。

之後的 1987 年，深圳市政府出台了全國首個《關於鼓勵科技人員興辦民間科技企業的暫行規定》，鼓勵高科技人員以技術專利、管理等要素入股。其結果，就是在這個科技園區誕生了中國首批民營科技企業，他們其中不少例如華為和中興，成為了後來深圳電子信息工業的

支柱企業。

位於南山區的國家級「深圳科技工業園」和上步區（今福田區的一部分）的上步工業園區，與後來衍生到全中國的各種和各個級別的工業園區一樣，是各級政府建立的「孵化器」，即以各種優惠條件，促成某種產業在一個特定的範圍內聚集，形成規模或者集羣效應。就深圳這兩個以電子信息、精密機械等技術為核心的產業園而言，它們都經歷了一個類似的過程：

- **市政府與幾個中央企業聯手，成立工業園區。**深圳科技園區是由深圳市政府與中國科學院、廣東國際信託投資公司三方投資成立；上步工業區是有深圳市政府與電子工業部、兵器部合作成立。

- **最初進駐的企業都是國企，特別是中央各個部委與電子信息等相關的直屬企業。**例如 1986 年，電子工業部在上步工業區（後來的華強北）成立了深圳電子集團公司，即今天股份化的央企賽格集團的前身。再如，1984 年註冊在上步工業區的中國振華電子工業公司，是其貴州母公司、軍工企業「083 基地」在深圳的「窗口公司」。這些企業往往既做生產，又做貿易，而且經營範圍多元而不專注，形式上還可以是由香港注冊的企業合資或合作的企業，以方便繞過甚至利用當時仍然存在的各種與外貿相關的管制，例如外匯使用配額。這些公司雖然因為各種原因並沒有失敗，但在自己本身應該專注的技術領域的進展並不如所願。例如中國振華電子工業公司、深圳華訊通信設備公司、深圳桑達電子公司等多家生產程控交換機的企業，沒有持續發展的動力，一個個無疾而終。

- 從這些園區漸漸孵化出一些民營企業，它們成為了後來深圳經濟的重要支柱。例如，1985 年在深圳科技工業園註冊的深圳市中興半導體有限公司（簡稱：中興半導體公司）成立，當時是航天部 691 廠、香港運興電子貿易公司和中國長城工業公司深圳分公司（後改稱：深圳廣宇工業（集團）公司）三家合營的企業；其核心是陝西西安市的 691 廠，是一家對外保密，專門生產半導體器件的軍工廠。其領導之一侯為貴，到美國考察後認識到中美在半導體技術方面的巨大差距，遂決定在深圳創辦公司，原計劃直接引進發展半導體技術，但由於資金短缺，他只能先從事來料加工業務，賺最為辛苦的加工費以維持生計，同時尋覓合作夥伴。後來在香港找到了從事貿易的運興電子貿易公司，在深圳找到了央企中國長城工業公司的深圳分公司，三家於深圳科技工業園註冊成立了深圳中興半導體有限公司，其中的「中」代表了中國長城工業公司，「興」代表了香港運興貿易公司。當時公司的註冊資金 280 萬人民幣，691 廠佔了 66%，即是一個既有軍工背景，同時也有央企背景和香港貿易企業參股的「三資企業」[9]。而據報導，侯為貴說服航天系統的領導到深圳引進半導體技術，因為香港是最接近國外先進技術和理念的地方，而深圳是距離香港最近的城市[10]。

- 深圳核心企業崛起時的首要市場是國內，而不是「前店後廠」

---

9 「三資企業」是指外商投資、海外華僑投資及港澳投資。 作為合資企業（Joint Venture）當時可以享受一些優惠待遇，特別是外匯使用方面和進出口貿易方面的好處。

10 深圳市電子商會：《深圳電子三十年》第四章第四節：侯為貴和第一台國產程控交換機，2018-11-02。

模式下的海外。無論在上述園區內還是其他地方成長起來的深圳著名民營企業，像華為、中興、華大基因、比亞迪，甚至包括 1990 年代才誕生的超級互聯網企業騰訊，它們的市場首先或者很長時間是在內地。長城計算機、創維電視、康佳電視、TCL 等都是 1980–1990 年代中國內地著名計算機和家用電器品牌，雖然它們也貼牌生產一些海外市場需要的產品。這與旭日集團等港資在深圳乃至整個廣東擴產的 OEM 製造商「大進大出」的方式完全不同。後者通過幾十年積累的外貿渠道，把自己與世界主要市場的主要品牌例如美國迪士尼（Disney）、孩之寶（Hasbro）、美泰兒（Mattel）等綁在一起，成為它們全球供應鏈的「後廠」部分。隨着 2000 年中國進入 WTO，這些企業更如魚得水。但他們的優勢始終在保證質量前提下對成本的控制和對市場需求波動快速的反應，對產品研發仍然沒有話語權。同時，由於產品的價格、利潤差異以及對「三來一補」規定的承諾，這些企業的產品不可能進入當時的中國市場。因此，在汕頭的澄海等地形成了另外一些專門針對內地市場的生產集羣。

- **政府扶植發展高新科技政策的導向作用。**與港資 OEM 企業的路徑相反，深圳很多從初創時就針對內地市場的企業，比如華為、TCL、中興等，他們把總部設在深圳的目的，一方面是吸引港台等境外資金、購買當時自己無法生產的關鍵部件和技術，同時也與深圳經濟特區當年的「比較環境」直接相關。姜庚宇 2020 年撰文指出，1987 年深圳市政府出台了全國首個《關於鼓勵科技人員興辦民間科技企業的暫行規定》，鼓勵高科技人員以技術專利、管理等要素入股，華為

總裁任正非正是靠這個文件創辦了華為。[11] 該文更注意到，「進入 90 年代，深圳科技企業開始發展壯大，深圳明確設定深圳經濟特區為高科技產業的發展基地。1991 至 1997 年間，高科技產業的產品以年均 65% 的速度成長，吸引一批全國各地的高科技產業集團前來投資，全市從事高科技產品生產開發的公司高達 500 間，帶動深圳形成以高科技產業為主要經濟利益的區位優勢。1998 年初，深圳市委、市政府頒訂《關於進一步扶持高新技術產業發展的若干規定》(簡稱「22 條」)，是深圳對高科技產業最有力的扶持政策，試圖解決在資源及先天條件不足的背景下，如何透過優惠政策，加快深圳整體高科技產業的技術發展。這項政策對於深圳的高科技產業具有重要的影響，不僅在 3 年之內，就讓深圳高科技產業的產品產值成長到 2482.79 億，較先前成長 45.5%，更開始出現擁有自主智慧財產權品牌的產業，包括通訊、軟件、生物工程、新材料、醫療器械等」。

- **承接台灣製造業並形成產業鏈的影響。** 1988 年 6 月 25 日，國務院出台了《關於鼓勵台灣同胞投資的規定》，允許「舉辦台灣投資者擁有全部資本的企業」[12]。1988 年 10 月，台企富士康公司選擇深圳作為其在內地投資設廠的第一站，最開始在深圳生產電腦連接器，後來不斷發展代工各類電子產品，隨後一大批台企紛紛在深圳設廠開展加工貿易。富士康公司不僅為深圳培養了一大批技術工人，更帶來了蘋果產業

---

11 姜庚宇：「深圳特區 40 年：市場經濟改革鑄造『中國矽穀』科企遍地開花」，《香港 01》2020-08-26。

12 《關於鼓勵台灣同胞投資的規定》

鏈落地。以立訊精密為代表的一大批深圳本土蘋果產業鏈企業應運而生，直接促成了深圳電子信息技術產業鏈的崛起。據萬得資訊統計，2020 年年末，蘋果產業鏈在 A 股有 42 家上市公司，其中 15 家位於深圳，在所有城市中數量最多，市值高達 15,316 億元。華為、OPPO、vivo 等手機業務的迅速崛起，也得益於蘋果產業鏈在深圳的深耕細作，帶來的深圳電子信息技術產業強大的產業鏈優勢。[13] 富士康這個蘋果供應鏈核心企業與香港企業不同，因為前者與中國有心發展和完善產業鏈的企業甚至深圳市政府不謀而合，導致了後來深圳產業結構的進化。深圳市半導體行業協會曾經做過一個相當深入的調查分析，清晰刻畫了後來成為數碼電子消費品這個深圳支柱產業的成長過程。如圖 5-3 上半部所展示，1980 年代「三來一補」的出口加工 OEM 階段過後，從大約 1995 年開始，深圳的數碼電子消費品的生產進入一個中低檔產品多元化的大繁榮時期：從 VCD、DVD、電子琴、學習機起步。到 2000 年開始了山寨手機、MP3、機頂盒、數碼相機的時代。這裏有一點特別值得指出，就是這些產品是以中國內地市場為主的。

此圖的下半部所展示的，是「山寨手機」如何走向國產品牌手機的全過程。它顯示，雖然整個行業起步之初有港資在深圳建設模具廠的貢獻，但最重要的一步，是台資企業特別是聯發科 (MTK) 提供的手機 Turnkey (通用主板) 方案，它使得大量的中小山寨手機廠商可以「活」

---

13 邢毓靜：「深圳」雙迴圈「實踐的歷史回顧與經驗總結」，21 世紀經濟報－新浪財經網，2021 年 5 月 10 日。

上一段時間。這段時間，在法律上是一個半灰色地帶：在 MTK 認可的情況下，根據自己的局部設計或者簡化，以低廉的成本和中檔技術，生產外觀上貌似國外品牌的產品。這是一個從仿造到自我品牌形成的過渡期。這個時期，台灣技術、國內國企的資金、民企對市場的敏銳觸覺和龐大的中國市場，合力成就了多個國產品牌，培養出一批專才，並因為龐大的產量和多元的設計，這裏逐漸形成了手機供應鏈需要各種供應商，之後更擴大到更多的產品領域，在珠三角出現了世界上最

圖 5-3　深圳數碼消費電子產業發展演進路線圖

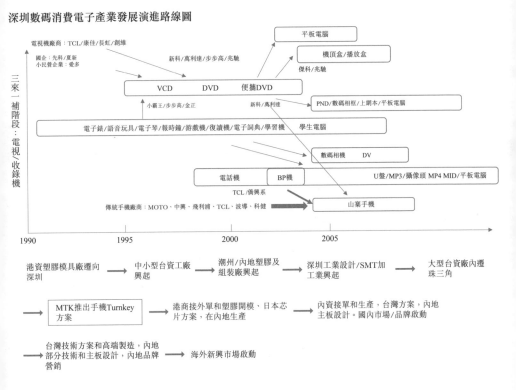

深圳數碼消費電子產業發展演進路線圖

資料來源：SZSIA 製作（深圳市半導體行業協會）

完整的電子產品產業鏈。這特有的環境，也是後來「大疆」無人機選擇在這裏落戶的根本原因之一。

總而言之，對於這些初衷就是以中國市場為目標的內地、香港和台灣企業或者企業家，他們在深圳起步的原因，多多少少與利用香港獲取技術或資金有關，但從後來的實際進程看，深圳自身形成的「比較環境」對他們在內地市場獲得成功更有利，當是最核心的考量。

5.4 香港資金的參與

如前所述，在深圳成長的企業，可以分為全港資企業、港資為主的合資企業和非港資企業（包括其他外資和台資企業以及中國內地企業）。獲得香港和海外資金的另一個渠道是在香港或者海外上市。截至 2021 年底，深圳市在境內外上市企業的總數達到 495 家（包括多地上市），其中，包括港股上市 111 家、海外資本市場上市 27 家。500 家上市公司總市值合計近 15 萬億元人民幣，為深圳 GDP 總量 6 倍之多 [14]。在地域上，深圳毗鄰香港，在香港資金背後的企業最了解深圳，所以對於深圳的企業而言，境外上市的第一選擇是港交所。另外，由於在香港註冊上市後，企業可以獲得比內地利息率低很多的非人民幣貸款，這對需要境外原材料和／或設備，或者需要建立海外市場的企業而言，這是非常有利的。

自 1984 年 4 月 26 日房地產企業中國海外宏洋集團（00081.HK）率先在港交所上市以來，97 家掛牌於港交所主機板，其餘為創業板。根據 Wind 2020 年 10 月數據，這 111 家赴港上市的深圳上市公司，總市值達到 11 萬億港元。除了 5 家未公佈數據外，其餘 106 家上市公司募

---

14 資料來源：本書作者綜合了包括深圳市政府等渠道公布的數據。

集資金總額 1871.21 億港元 [15]。這些資金並不必然是香港的錢，重要的是它們來自香港的資金池，反映着香港這個金融中心對深圳企業集資所起的作用。

　　隨着中國內地成為世界最大的消費市場，深圳內貿比重不斷上升，內資力量也越來越大。從固定資產投資看，2012 年以來外資企業份額持續下降，內資企業特別是民營企業的份額持續上升，並佔據主導地位。2019 年民營企業、國有和集體企業、外資企業份額分別為 54.0%、35.4% 和 10.6%。深圳工業產值中內銷佔比從 2011 年的 46.6% 上升至 2019 年的 61.0%，工業產值中內資企業產值佔比也從 46.8% 上升至 68.8%。以華為為例，其 2011 年國內業務收入佔比為 32.2%，中美貿易摩擦發生前的 2017 年國內業務收入佔比升至 50.5%，2019 年繼續上升至 59.0%。

圖 5-4　深圳加工貿進出口比例

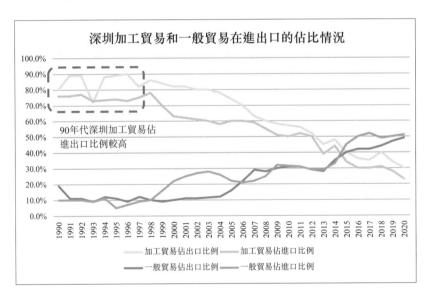

5.5　物流業的承接 —— 深圳港口快速崛起與香港功能轉型

　　1980 年代初期袁庚帶領下，招商局在蛇口建立深圳特區第一個工業園區。最初多加工企業通過一個簡陋的多用途碼頭，用駁船連接香港葵涌集裝箱港口完成產品出口。這個供應鏈渠道後來慢慢演進，並最終形成了一個「前港－中區－後城」的發展模式，即先建設一個港口，然後將港口與工業園區連接，形成出口加工工業；當製造業的使命完成後，再形成一個「城市」，即現在我們看到的以後海為核心的深圳南山區 CBD。招商局在一帶一路國家開始推廣該模式。然而，這個蛇口模式之成功有一個發展前提，即它附近有一個已經發展了一個世紀的貿易門戶城市香港，而且其專業化的集裝箱碼頭當時也已經建成和運營了 10 年，是世界航線比較多的專業碼頭，當年在全亞洲只有日本神戶和新加坡港可以媲美。以我們今天的詞彙形容，蛇口的廠家在一開始投產就連接上了全球供應鏈。

　　「供應鏈」與「產業鏈」的不同，在於它涵蓋的不僅僅是生產，也涵蓋了流通，這一點正是香港最有競爭力的地方：國際貿易網絡、金融網絡和實體物流網絡都是區域內世界級的樞紐[16]。這三個國際網絡，深圳承接甚至成功轉移得最快的，是實體物流樞紐中的集裝箱港口功能。雖然蛇口第一個可以裝卸集裝箱的碼頭出現在 1980 年代，但深圳真正開始有直達海外的國際航線銜接，是其東部由香港和記黃埔港口集團投資的鹽田港建成投產後的第二年，即 1994 年。如果說香港製造業北移主要是 1986–1995 年期間，香港的港口業轉移則是大約 10 年之後。作為全球物流中的門戶型運輸業的集裝箱港口，其從香港北移珠三角和深圳，與製造業北移有不少不同的地方。

16　參見王緝憲（2016）《世界級樞紐：香港的對外交通》，商務印書館。

第一，集裝箱貨物與集裝箱港口有一種「雞生蛋還是蛋生雞」的內在關係：沒有港口與航線，需要集裝箱運輸的進出口產品生產企業不會在這裏聚集；而沒有一定量的集裝箱貨物，港口新航線就開不出來。這就是為甚麼前面提到，蛇口出口加工企業一旦可以與香港集裝箱「大碼頭」連上，後面進一步擴大生產和開始產業集羣就順理成章。但對於新建設的深圳東部港區 —— 鹽田港，建成後碼頭「曬太陽」了近一年，費盡心機才引來首條直通北美的航線。但是，航線一旦開通，該港口的集裝箱吞吐量成為 20 世紀全球增速最高的港口。這不僅是東部港區的情況，由招商局港口和九龍倉集團下屬的香港現代貨櫃碼頭公司合資的西部港區的蛇口港和媽灣港同樣如此。如下圖（圖 5-5）顯示，深圳集裝箱港口從 2004 年到 2021 年的增長速度是非常驚人的，目前已經成為世界集裝箱第 4 大港，把香港（從第一跌到了第九）拋離在後。

圖 5-5　世界前十集裝箱港口吞吐量排名（2004-2021 年，單位：千標箱）

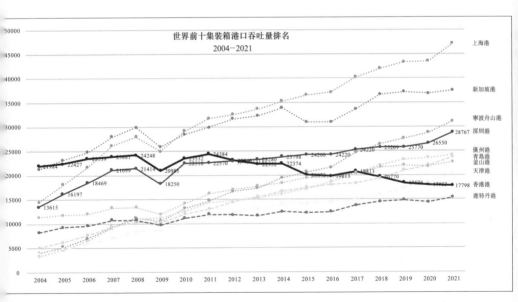

資料來源：Containerisation International Yearbook，相關年度。

深圳港與香港葵涌港體現的是企業競爭而非城市競爭關係，且香港集裝箱碼頭企業仍然是獲利最豐的。水漲船高：北移的香港製造業和大量進駐珠三角的台資企業以及大量湧入這裏的內地資金及其建立的出口加工企業，為珠三角特別是深圳帶來了巨大的跨境物流和國際海運量。港口獲得快速發展的不僅僅是深圳，而是整個珠三角。珠三角出現了大大小小幾十個港口的港口羣，其中有三個樞紐港城市：香港、廣州、深圳。這種港口羣的形成和演化，被學術界稱之為「港口區域化」（Port regionalization）。與此同時出現的是另一個被稱為「經營碼頭化」（Terminalization）的過程，即一個港口可能由幾個碼頭經營商經營，每位經營者負責運作其中擁有一組泊位的一個「碼頭」（Terminal）；同時，這些碼頭經營商又是跨國或者跨地區跨城市的經營者，在不同的國家和城市經營多個碼頭。極大化其經營規模效益的同時，這樣的跨地區碼頭經營商更可以為其客戶在特定區域範圍或者全球範圍承諾高質量的個性化服務。這兩個「化」的過程都在珠江三角洲或大灣區發生了：香港葵涌港的兩個經營者 —— 和記黃埔港口集團的「香港國際貨櫃碼頭」和九龍倉集團的「現代貨櫃碼頭」分別投資了深圳的鹽田港（最初佔 81% 股份）和蛇口港，而現代貨櫃碼頭又與招商局聯手，讓後者在後來幾十年如虎添翼地成為了世界前三名的跨國集裝箱碼頭經營企業。換個角度看，深圳兩個不同港區實際上是香港葵涌港兩個不同碼頭經營商在香港境外的擴張和競爭的延續。

第二，粵港澳大灣區 / 珠三角各個主要集裝箱港口的控股結構關係存在你中有我、我中有你的關係。這種情況也一樣出現在歐盟沿海國家。這種現象反映的是一種以市場力量主導形成的局面：集裝箱碼頭經營商從自己盈利角度決定是否投資或控制某個港口；同時，從政府管理層面，將港口經營市場化，允許其他國家和地區的港口企業來競爭和經營，提高自己港口的競爭力以及與班輪公司的關聯程度，因為

好的跨國港口經營商相對更容易吸引或者直接帶來有競爭力的船公司和航線。雖然我們看到深圳港口的吞吐量持續大增，整個珠江三角洲東部的進出口貨物越來越大比重經深圳的兩個港區直接運往國際市場，使得深圳港國際排名從零上升到世界第四，但如果從經營者角度考慮，收益最大的則包括香港的兩個企業——和記黃埔和九龍倉，以及在香港上市、總部在深圳的央企招商局和在深圳的上市公司、深圳市政府下屬企業鹽田港。

第三，與香港北移製造業很不同，香港本土集裝箱碼頭功能轉型但並未消失。 1986 年以後珠三角製造業和整體出口貨物總量持續上升，而香港製造業到 2000 年前後已經基本上沒有靠海運的產品在本土生產，因此，港口業隨之北移至珠三角城市包括深圳是順理成章的事。集裝箱港口服務的競爭優勢主要來自以下幾個方面：（1）相對腹地而言的地理位置；（2）港口本身的操作效率；（3）收費水平；（4）直達航線的頻率與覆蓋（連接城市和國家）；（5）陸路和河運銜接方便程度和費用；（6）海關通關和檢驗效率。如果比較深圳與香港兩地，上面的第（1）條，即相對腹地而言的地理位置，兩者相差無幾：深圳西部港區（蛇口港、媽灣港、大鏟港）、香港葵涌碼頭區和深圳東部港區（鹽田港）其實都在少於 100 公里的海岸線上一字排開。因此，從市場角度，用戶（即貨主）選擇使用哪個港口，主要取決於其他五個方面的因素。1995 到 2015 年的這 20 年，香港與深圳港口在第（2）條和第（4）條即港口本身的操作效率和直達航線的數量、頻率和覆蓋面方面的差距迅速縮小。有研究顯示，到 1995 年時，深圳港與香港在航線數量和覆蓋上差異巨大（見圖 5-6 左）。這也是為甚麼當時陸路經過皇崗口岸進入香港的集裝箱車輛大排長龍，常常堵到深圳市區的根本原因：迅速擴張的珠三角出口加工業的產品仍然選用香港葵涌碼頭作為首選的出口港。跨境集裝箱量曾經高達每年 400-500 萬 TEU（20 英尺標準

箱）。然而，到了 2015 年，隨着越來越多的航線直接連接深圳兩個港區，這種情況徹底扭轉，深圳與香港兩個港口在這方面都成為了世界頂級的航線連接度（參見圖 5-6 右）。

圖 5-6　香港與深圳港口對外連接度的演變：1995-2015 年

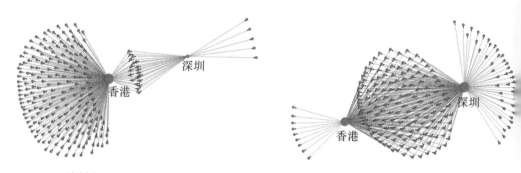

資料來源：王列輝，朱艷（2017）兩組相鄰港口航運網絡及其驅動力分析 —— 以上海－寧波與香港－深圳為例。

　　這 20 年間，隨着直航航線不再是問題，用戶們包括出口產品生產企業、他們的買方以及貨物代理在比較和選擇使用深圳港還是香港港的時候，主要考慮另外三項指標，即（3）收費水平、（5）陸路和河運銜接方便程度和費用以及（6）海關通關和檢驗效率。從碼頭收費水平看，香港葵青貨櫃碼頭到收費比較深圳各港區都高至少三分之一（見圖5-7）。香港付貨人委員會（Hong Kong Shippers Council）早年曾一度跟蹤比較從東莞發貨到北美市場，經深圳與經香港港口的運輸費用差別，揭示出除了碼頭收費，深圳兩個港口較之香港葵涌碼頭的運費和價格優勢的其中一個關鍵，是從東莞到香港必須使用香港貨櫃車司機，導致這一段陸路成本比運到深圳港口貴很多。本世紀初，跨境貨櫃運輸最興旺的時候，香港貨櫃車司機的月收入曾經高達 4 萬港幣，而當時內地司機的收入僅僅數千元人民幣。有鑒於此，麥肯錫諮詢公司曾經

做過一個研究，建議開放被香港貨櫃車司機壟斷的「香港段」陸路運輸到葵涌碼頭的服務，並設計了專門的培訓計劃，讓他們轉行，包括轉去駕駛跨境長途巴士。然而該計劃沒有被香港政府採納，理由是，作為「積極不干預」的政府，不會墊資做培訓，建議由業界自己去搞。當然結果是不了了之。儘管深圳鹽田港在中國內地港口當中已經屬於收費最高的港口，但仍然比香港便宜不少。因此，深圳港逐漸獲得越來越多的客戶使用，特別是每週或者每月有穩定出口量的企業，他們往往可以從碼頭和運輸夥伴企業那裏獲得更好的價格，同時也獲得中國海關的信任。

圖 5-7　港口裝卸費率比較（2019 年，人民幣元 / TEU）

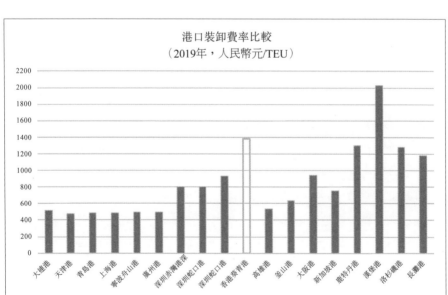

資料來源：中國港口協會

　　而香港的優勢，主要在於海關檢驗方面非常寬鬆，原則上只要通

過陸路海關進入了香港，就不會再有任何檢驗。而深圳的陸路關口抽驗概率比港口海關低很多，所以很多貨主仍然願意讓貨物經香港，免去因為查驗可能耽誤的時間和麻煩。1990年代至2000年代初期，深圳港口都存在一旦因排隊再海關檢測耽誤了登船，就要將貨物退出港口，重新辦理各種手續，幾日後才能再入港登船的情況。而在香港不會出現這種情況。誤了一班船，幾個小時後就可以換另一個班輪運往目的地。經香港的額外費用就相當於買了一個準時到達的保險，這對於需要確保及時大批量收貨的買家非常重要，比如聖誕節前的美國大型連鎖百貨商場，一旦交貨誤期損失慘重。

同時經營深圳港口的香港碼頭經營商早在本世紀初就明白，隨着中國港口海關的效率提升和變得使用者友好，香港失去上述優勢只是時間的問題，事實也確實如此。他們亦注意到另外一條有法律保護的「生路」——做「水水中轉」生意。所謂水水中轉，就是將集裝箱從一條船轉到另外一條船上然後繼續航行。香港歷史上曾經有所謂「中流作業」這樣一個行當，即在水中由一個有吊機的船在兩艘集裝箱貨輪之間，把集裝箱從一條船過駁到另一條船的操作。雖然費用比使用碼頭倒裝要低，但風險高。在珠三角以至於整個中國沿海，船公司用比較小的貨輪（1000-2000 TEU）把集裝箱從沿海中小碼頭或者航線頻率不理想的港口收集後，運送到樞紐港，然後轉到大型或者超大型的遠洋集裝箱班輪，就是香港的「水水中轉」。它受到一個特殊法律的保護，就是體現在《海商法》和《水路運輸管理條例》等法規中對沿海運輸權的規定。與世界很多國家一樣，沿海港口之間的貨物運輸屬於內貿市場，該法律規定，內貿與外貿的貨物和貨櫃不能同船運輸，而負責外貿運輸的船隻上的外貿集裝箱及其貨物一旦從沿海任何一個港口（出關）運出後不得再在中國境內的港口卸下。因此，香港得益於這條法律，因為它屬於中國海關外的港口，這樣外貿特別是外輪公司就可以

選擇香港作為「小船換大船」的理想中轉港：在中國沿海收集出口集裝箱貨物時用較小的船隻，而遠洋時用大型或超大型班輪，極大化其船隻的規模經濟效益。中國在建立第一個自由貿易試驗區 —— 上海自貿區的時候，以專門條款將上海洋山港區列為可以視為「關外中轉」的港口，可以做與香港相同的「水水中轉」，但該條款並沒有在 2013 年成立的廣東省自貿區法律條規中出現，雖然有所謂「捎帶業務」的嘗試，但不包括水水中轉。這意味着中國政府也認同用這一法律繼續保護香港在大灣區的這一方面擁有的特殊壟斷優勢，確認了香港從 2000 年開始向國際中轉港轉型的做法。

香港集裝箱輸送量從 2000 年開始，從增長放緩到下滑僅僅是表面數字。實際上，真正處理的集裝箱減少的幅度更大，因為「水水中轉」集裝箱量越多，在港口內被計算了兩次裝卸的集裝箱就越多。自 2015 年以來，香港中轉集裝箱量已經佔到七成。這意味着香港港口集裝箱吞吐量有 1/3 是重複計算的，或者說，實際處理的貨物量僅是統計總箱量的 2/3。比較深圳 2022 年的 3,003 萬標箱吞吐量，目前已經包括了重複計算的香港港口的貨櫃總吞吐量 (1,657 萬標箱，2022 年) 也已經大幅落後。最重要的是，上述演變是順應市場和不可逆轉的，因為 (1) 集裝箱貨物產生的貨源地開始遠離香港，有些甚至離開了珠江三角洲和中國；(2) 廣州南沙港越來越成為船公司和貨主的首選，因為隨着珠三角內以及附近的貨源地越來越分散，以及南沙港超大型直航航線越來越多，其整體運輸成本 (包括港口成本和公路運輸成本) 優勢明顯。不過，只要中國相關法律不變，香港港口的中轉港角色將可以保持下去。目前，香港港口的優勢在於可以幫助遠洋班輪船隻追趕船期，因為香港碼頭的效率仍然非常高。從區域角度看，香港港口向中轉樞紐方向的演化發展，可以視為與深圳廣州這兩個樞紐港錯位發展的結果，而深圳和廣州承接了香港原有的陸海直運角色。

5.6 本章小結

在香港傳媒和話語圈，「前店後廠」一直是對中國改革開放後，香港製造業北移後的香港與珠三角產業關係甚至經濟關係的一個高度概括。然而，實際情況比「前店後廠」模式複雜得多。本章着重分析了1980 年代初期香港製造業中最重要的三個，即製衣、玩具和鐘錶，看他們如何北移；再分析了深圳 1980 年後成長起來的三個支柱產業（電子信息、金融、物流）中的兩個，即電子信息與物流業中的港口。分析發現，香港三大製造業北移，首先，並不集中在深圳，而是更多地分散在珠三角各地，特別是東莞。而在深圳落戶的也往往不在深圳經濟特區內，而在寶安或者龍華居多，主要是出於土地成本和政策寬鬆、補貼優惠方面的考慮。即使在深圳的企業，也有不少很快就被內地企業「消化」，賣出了股份，比如目前中國最大的國產手錶品牌飛亞達，已經成為央企中航國際下屬的控股公司。另一方面，深圳最重要的製造業——電子信息業，台商的影響（特別是富士康集團和聯發科）遠遠大於香港的企業，究其原因，來自台灣地區的境外投資和產業性質與中國內地的國有企業（包括轉型並企業化的軍工單位）到深圳發展的初衷和長遠目標一拍即合，與時至今日深圳經濟和產業發展方向一脈相承。

從物流或者國際流通角度，深圳倒是很認真地把香港港口的陸海直接運輸的功能承接了過去，而且與香港類似的是它除了集裝箱碼頭，其他諸如散貨碼頭等並沒有超乎自己需求的區域性功能。即使是集裝箱碼頭服務，當它繼續擴張時，也被廣州南沙逐步接了過去，而深圳自己也和香港類似，把有限的岸線資源和土地資源留給了投入產出比更高的行業，這一點，我們將在後面談及高密度發展和前海功能時再進一步探討。

最後，製造業北移後，香港逐漸成為世界最重要的金融中心、中國最重要的境外融資中心之後，這個融資角色到底對深圳起到了甚麼樣的作用？我們一方面解讀了深圳市在香港上市公司融資的情況，認識了資金主要集中在其最有前途的高科技領域，另一方面，引用了深圳金融主管部門官員對深圳過去 40 年經濟轉型的分析，看到今天的深圳，利用的外來資金和對外出口的總額對比當年都有極大增長，但這個城市製造業的市場已經轉變：內地集資量更大，銷往內地市場的銷售額比重也已經超過出口。從這個意義上，深圳已經走過了「承接」香港的階段，進入「轉」的階段。用當下流行的口號描述，就是「內外雙循環，以內循環為主」。在深圳，這不是口號，而是對其市場導向經濟結構合理的解讀。

第 六 章

兩個城市的不同階段和
不同目標

比較深圳與香港，除了政府和管理體制上的重要差別，必然會看到兩地在經濟和社會發展水準上的不同。內地近些年一直有經濟學方面的人士天天在發文章，提醒中國要跨過「中等收入陷阱」。且先不說這個說法有沒有依據，但至少說明，內地雖然不少官方文章還把「我們中國是發展中國家」掛在嘴邊，但也知道，從人均收入或者發展階段看，中國已經進入了中等收入國家的行列。根據中國政府網站，2021年中國人均國內生產總值（GDP）為 8 萬元人民幣，即大約 12,551 美元，已經超過世界人均 GDP 水平。同年，香港特別行政區的人均收入達到了 49,613 美元；深圳按 1,760 萬左右的常住人口計算，人均 GDP 已達到了 2.7 萬美元。這個水平已經超過了葡萄牙、捷克、希臘、斯洛伐克等部分發達國家的人均 GDP，約為中國人均 GDP 的 2.15 倍，為香港人均 GDP 的 54.4%。[1]

1　深圳數據的關鍵在於人口統計。過去幾年，深圳人口數據出現大幅度調整。根據深圳市統計局公布的 2021 年國民經濟和社會發展統計公報，深圳市 2021 年的人口為 1,768 萬。其中，常住戶籍人口 556.39 萬人，佔常住人口比重 31.5%；常住非戶籍人口 1,211.77 萬人，佔比重 68.5%。這組數據比第七次全國人口普查以前的數據大幅的增加，更接近外界對深圳人口的估計。其中有三分之二為「常住非戶籍人口」，這是過去的統計數據內一直被低估的部分。

6.1 相同經濟發展水平上香港與深圳的比較

對比圖（圖6-1）中深圳與香港人均GDP從1979年以來40年的變化曲線，有一些重要內容很有意思也很有啟示。第一，香港在1980年代後期進入第二個高速發展階段（前一階段是30年的工業化），到1997年完成。之後有10年左右的調整，2010年再次進入第四個發展階段直至2019年政治風暴和2020年的新冠疫情大爆發。第二，深圳從200-300美元人均GDP起步，用了僅僅三分之一個世紀，就達到了人均20,000美元GDP的中等收入國家水平。換個角度看，深圳在2012年的經濟發展程度相當於香港1992年左右的水平。第三，深圳的發展

圖6-1 1979-2020年香港 vs 深圳人均GDP及居民人均可支配收入（單位：美元）

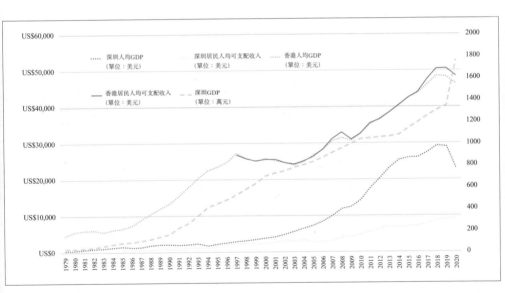

資料來源：深圳市相關數據來源：《深圳統計年鑑》、《廣東統計年鑑》、CEIdata；香港相關數據來源：世界銀行、香港政府統計處；人民幣兑美元年均匯率來源：世界銀行。

從 1994 年以後加速，一直到 2013 年開始放緩。第四，2003 年以後大約 15 年的時間，兩個城市的人均 GDP 在兩個不同水平上出現近似同步的增長。如果認同人均 GDP 這個指標可以大致上體現一個城市或者地區的經濟發展水平，就可以從社會經濟發展角度說，深圳和香港目前處在兩個台階上，即今天的深圳已經相當於本世紀初香港的發展水平，雖然如果直觀地從最新科技應用等方面，比如 5G 的覆蓋和應用，並不可比。

那麼，如果以人均 GDP 計算，香港 1980 年代中期到本世紀初與深圳從本世紀初到現在處於相似的發展水準，兩者有甚麼不同？又有甚麼相似的地方？

首先，最大的不同，在於深圳賴以成長的製造業與其帶來的大量新移民。2000 年到 2020 年的二十年裏，常住人口從 701 萬增加到 1,756 萬，其發展動力仍然在製造業。相比之下，香港進入人均 GDP 一萬美元之後，已經進入了以服務業為主的後工業化時期。這個時期恰恰是香港為包括深圳在內的珠三角提供大量廠商服務、貿易服務和金融服務的階段。同時，香港並沒有大量的新移民進入。而過度依賴金融業，也導致了 1998 年亞洲金融風暴後，經濟下滑數年，後來經過開放「自由行」等特殊措施，才逐漸恢復元氣。新移民不僅年輕且活力十足（後面一節再討論與香港老齡化的對照），最重要的是他們來深圳的原因很大程度上是個人發展機會和與內地其他相對後進地區的收入差距。

第二個重要不同之處在於政府的「投資力度」。再看一次（圖 6-1）中人均 GDP 與人均收入的關係，可以看到兩個城市的一個明顯差異：香港的兩條線是基本重合的，即人均收入與人均 GDP 在同一個水準上；而深圳的人均收入僅為人均 GDP 的一半，即有一半 GDP 的產生並沒有與本地居民的收入掛鈎。雖然兩個城市在人均收入方面的算法不盡相同，但整體上，中國內地 GDP 與人均收入的關係和深圳數據所

反映的基本一致，而香港 GDP 與人均收入的關係與歐美國家的情況類似。人均收入僅佔人均 GDP 五成，意味着有大量的生產活動或者是屬於長期投入，比如城市基建，包括建設道路、醫院、學校等公共需求設施，這些是政府投入；還有可能是企業投入，再有就是不屬於個人的資產淨值增加，比如空置的房地產。

6.2 兩個城市在同一經濟發展水平上不同的發展方向

在同一個經濟發展水平上，不同的城市是否會有相似的選擇？比如，都開始重視高等教育（見下一節的討論），因為注意到人才培訓的重要性。或者都開始重視醫療、文化和體育活動、社會安全保障等。然而，不同的資源稟賦、地理條件、自身的歷史因素以及每個城市在其所在的區域、國家以至於世界中的地位和過去一直扮演的角色等，都可能讓同樣經濟發展水平上的城市選擇不同的發展方向。

香港與深圳就是兩個緊密相鄰，卻選擇了完全不同發展方向的城市。香港進入人均 GDP 2 萬美元，是在 1990 年代初期，經歷了足足 15 年左右，才跨過這個所謂中等收入的門檻，進入了高收入的行列。而這 15 年，製造業對香港國民生產總值的貢獻降低到 2% 左右，香港迅速和徹底地轉向以金融、地產、貿易、物流、旅遊為主的服務業的階段。這個轉型，一般都認為是純市場的選擇，其實並不都是。製造業北移毫無疑問的是資本和市場的選擇；擴大金融業務，為中國和海外資本對接，並從中牟取更高回報，將原來依賴港口進行的「實物」和「實體」貿易，轉向不需要港口，但仍然需要以普通法為基礎的股票和金融市場，也是市場選擇，這與曾經是主要港口的倫敦、紐約、東京都一樣。從服務珠三角到服務全中國，形成離岸貿易，也是市場選擇，因為香港「中間人」角色擴展成「全球聯繫人」有着重商的基底。

上述過程，如圖 6-2a 和圖 6-2b 所體現，香港作為一個門戶城市，從實體和實物的貿易門戶，包括海陸空多方面將中國內地與全世界連接，同時也說明亞太地區實現貿易貨物的中轉，是其萬變不離其宗的根基，即呈現圖 6-2a 的金字塔狀。但隨着全球化進程和中國特別是深圳和廣州兩個樞紐海港不斷擴充和競爭，香港的角色迅速轉變為以金融交易為本，兼顧實體物流的局面，變成了圖 6-2b 那樣的聖誕樹狀。

圖 6-2a、6-2b　**香港從傳統的物流貿易門戶逐步走向世界級股票交易市場**

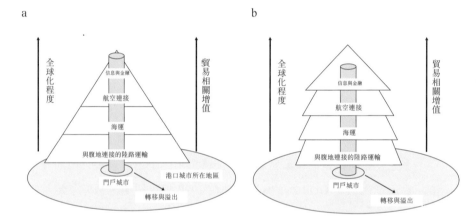

資料來源：王緝憲（2010）《中國港口城市的互動與發展》，東南大學出版社。

製造業北移、貨運、貿易排在了金融之後的轉型，集中體現了市場的選擇。然而，內地來港旅遊人數在亞洲金融危機後，突然大幅度增加，則體現出香港經濟非市場的一面：如果與內地的邊界一直容許遊客「自由行」，香港恐怕早就被遊客擠爆；但是，如果 1998 年金融風暴後香港沒有得到中央政府的支持，有限度地開放和逐步增加「自由行」的配額，香港也不可能迅速走出金融風暴的陰影，因為這個自由港是國際經濟波動的放大器。

也就是説，香港轉型到了與發達國家主要城市相似的、以服務業為主的結構，其代價是有更高風險出現經濟大幅波動，同時，香港所扮演的亞洲國際金融中心角色，及其對中國改革開放和進一步國際化的作用是無可替代。這個作用的其中一部分，就是支持鄰居深圳的出口加工業，為其提供資金、信息和貿易門戶。

深圳到達 2 萬美元人均 GDP 水平是在 2012 年。過去的十年，是深圳經濟最新一次的轉型，即從模仿型製造進入創新型「智造」。表面上，重心仍然是電子通信與設備製造，是繼續其強大的第二產業。雖然仍然有研究分析深圳傳統的一二三產業的分類的產業結構[2]，並不能反映出深圳這次轉型當中所謂「轉」的含義。我們也許可以將這次轉型看作一個市場定向的製造業升級：根據 (1) 深圳已有的在電子和網絡通訊設備製造和軟件研發上的優勢（包括華為、中興、騰訊等）；(2) 珠三角相關行業集群的優勢（目前全中國以至於全世界電子配件廠商供應鏈最完整的地區）；(3) 本地土地供應緊張，租金和薪金高；和 (4) 市場對電子類產品升級換代頻率高、但市場差別大的特點（比如非洲和北美地區對手機的要求不在同一代，同時又有本地需求特徵），專攻短週期的「差別化＋成本優勢」的產品（比如深圳傳音通訊旗下手機品牌TECNO 成為非洲最大手機品牌）。很多企業可以通過這種創新或再造過程，從建立中低市場價位出發，建立自己的品牌，然後通過規模化的生產和品牌價值的疊加，提升利潤率。

值得進一步了解深圳的手機行業的轉型，是因為它代表了這個時期整個深圳核心產業轉型的本質特徵[3]，有意思的是，智能手機在中國和

2　北京大學滙豐商學院：《專題報告：深圳市 2021 年產業結構現狀及未來展望》，2021-07-29。

3　比較嚴肅的相關研究，可參考丁可（主編，2111）《中國山寨產業的生產流通體系》，日本貿易振興機構（JETRO）經濟研究所，研究報告 156 號。

世界開始大行其道的時候，恰恰是深圳因而受惠進入中等收入城市的時期。

深圳手機行業的出現，是聚集於福田區原來的上步工業區的華強北一帶。那裏因為成為中國「山寨」手機的批發市場而聞名於世。一度因為是粗製濫造的仿製品的集中地而被恥笑的華強北，後來受到研究者重視，因為該現象後面有很多其他地方不存在的條件和邏輯。首先，根據市場研究機構 iSuppli 的定義，山寨手機既包括在中國市場銷售但沒有取得政府入網許可的「灰色手機」，也包括沒有正規品牌的出口手機。根據深圳半導體協會從 iSuppli 得到的數據，2010 年時，全世界山寨手機的出貨量達到 2.28 億部 (不僅限於手機)[4]。但是，由於 2008 年開始中國就放鬆了對手機生產的管制，陸續發放多個手機製造商牌照，所以，實際上灰色或山寨手機的產量更高。2010 年中國 2G 手機芯片市場兩大主要供應商 —— 台灣的聯發科（MTK）和展訊的出貨量超過 6 億片，其中給中興、華為、TCL、聯想和波導等傳統中國手機品牌廠商的出貨量不超過 2 億片，有 4 億多片都供應給了山寨手機生產體系。可見當時「山寨」有多大。

圖 5-3 (見 97 頁) 是深圳手機研究協會對深圳到 2010 年為止的數碼消費電子產品發展研究繪製的演進路線圖。

此圖清晰地體現了從 1990 年，深圳剛剛引入港資、台資和內地軍工企業合資的時代，深圳如何進入當時紅遍全國市場的 VCD 市場，以及從包括電子玩具、學習機、BP 機、MP3 播放機和攝像頭等的生產，逐漸開始形成的山寨手機集羣。

潘九堂等人 2011 年在一個基於認真的企業調研的研究報告中仔細分析整個演進過程後，提出「山寨」手機背後存在一個與「傳統」或者

4　日本貿易振興機構經濟研究所研究報告 156 號。

説標準生產模式不同的模式。山寨本質上是迎合新興國家工業化技術水平和能力較低、新興市場消費層次較低等特點的一種生產分工體系，它有兩大特徵：一是消費和市場的平民化，即存在一個對價廉物美產品有巨大需求的平民市場；二是生產和供應的平民化，沒有很高的資金和技術門檻，有大量中小企業可以存在。

其中，第一點比較容易理解，而且也是為甚麼今天深圳仍然有大量的產品可以銷售到非洲（如手機）、印度（如手機）和東南亞（如充電裝置、服裝）市場，儘管中國內地的需求開始向中高檔發展。第二點特別值得關注，即為甚麼在這裏可以產生一個「平民化」的生產集羣。傳統製造業的整個產業鏈大致可以分為研發（R&D），製造和銷售三大塊。歐美品牌手機產業鏈通常是所謂垂直一體化模式，即分為 (1) 芯片設計與製造；(2) 軟件設計、主板設計、材料採購、手機製造 / 組裝；以及 (3) 營銷和售後服務三個部分。其中第二部分為企業自身經營的部分，需要強大的內部管理和雄厚的資金實力。品牌的附加值可以支持這種垂直一體化模式的可持續運營，並逐漸推出新產品。

山寨產業鏈則是一種橫向集羣式的平台運作。其中，逐漸將眾多零散而無序競爭的中小企業匯集成一個有效的、快速做出市場反應的體系的關鍵一環，是當時由台灣企業聯科發（MTK）提供的 Turnkey（一站式方案）形成的公共範本平台。深圳本地的眾多中小企業當時並無技術能力和資金靠自己研發手機核心主板，而 MTK 採用了一種相對開放式的平台，讓多個企業以比較小的代價就可以共享其「萬事俱備、只欠東風」式的公共模版，使得大量的 IDH（獨立設計室）可以在此基礎上很快地為山寨手機集成廠家根據市場需求，做出有基本質量保證（源於MTK 的 Turnkey），又稍有差異或「高仿」而價廉的山寨產品。（圖 6-4）顯示了這樣一種極有中小企特色的集羣模式：

圖 6-4 深圳山寨手機橫向集羣式產業鏈

山寨手機生產體系：水平分工和平台化

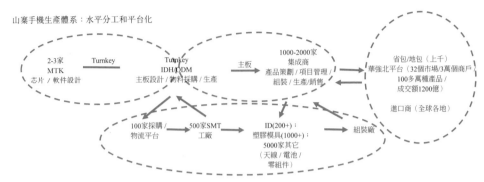

1.技術平台 2.山寨製造（應用創新與生產組織） 3.商貿平台 4.生產與產業鏈配套

資料來源：潘九堂，劉輝，袁泉（2011）《深圳山寨手機生產體系的起源和競爭力分析》，圖 3。

除了 MTK 一站式方案這個關鍵環節，這個生產模式還需要三個關鍵性的支持。一是充滿開拓精神的企業家和一批技術骨幹，而深圳的「比較環境」正是當時從全國各地包括香港具有企業家氣質的年輕人來深圳創業的原動力。根據潘九堂等人的調研報告，很多在這個集羣裏成就山寨手機的技術人才來自內地其他城市的大型跨國手機企業。二是迅速打開市場的能力。從國內市場看，深圳的任何產品銷往內地都不是問題，而山寨手機出現之前，「華強北電子一條街」已經成為中國最大的電子消費品的批發市場。而國際市場方面，香港作為實體貿易的進出口門戶，對手機類產品的對外銷售以及與台灣的零部件及其人員的往來都特別有利。當時內地與台灣尚無「三通」，因此台資和他們擁有的產品及技術進入中國內地最便捷的就是經過香港到深圳。第三個關鍵性支持就是政策方面的寬鬆環境。與發達經濟體嚴格的法律環境不同，當時快速起步的深圳，雖然沒有「先行先試」這個詞，但對很多與市場規範相關的事情採用「讓子彈先飛一會兒」這樣不成文的做

法。經濟學家張維迎認為，市場形成有三個基本條件，一是自由，二是產權，三是企業家精神。在這個時期的深圳，要素自由流動和企業家精神都比內地其他城市的條件更好，而對產權的保護，有一部分是通過企業自己的行為實現的，比如 MTK 對其 Turnkey 一站式方案，是在沒有對手可以抄襲的情況下實現的。而另一方面，正是因為該方案寬鬆地在一定範圍內使用，成為「公模公板」，才造就了大量的 IDH 企業在其系統上完成最終產品的設計、集成商將其變為可以銷售的手機。也就是說，產業鏈後半段並沒有產權保護，是其產品能以極低廉的價格迅速銷售的原因。當然，這也是為甚麼當逐漸形成產權保護後，專利保護導致了最優秀的企業脫穎而出，佔領後來的市場。

強大的山寨手機集羣為深圳經濟帶來驚人的效果：2010 年，中國廣義上的山寨手機出貨量高達 4 億部，MTK 和展訊這兩家手機芯片商當年提供的 6 億左右的 2G 手機芯片，有 4 億供應給了山寨手機生產體系，其中 7 成是在以深圳為中心的珠三角組裝與銷售。深圳的手機集成商超過 1500 家，產量超過 5 億部。而當時為 1200 萬人口的深圳，有 100 萬人是從事手機及相關產業的[5]。而這就是後來華為、中興、富士康等手機和數碼電訊巨頭齊齊在深圳出現的「地緣經濟基礎」。

6.3 兩個城市擴展高等教育的時機與動機

兩個城市在同一個人均 GDP 水平上或者經濟發展階段上，也有很相似的地方，就是大力在本地發展高等教育機構。過去的 40 年裏，深圳高等教育從零起步，截止 2020 年已開辦全日制高校 15 所，在校生

5　本案例的數據來自：潘九堂，劉輝，袁泉（2011）《深圳山寨手機生產體系的起源和競爭力分析》。

16.93 萬人，專任教師 6,999 人。包括全日制本科大學 8 所：深圳大學、南方科技大學、深圳技術大學、香港中文大學（深圳）、深圳北理莫斯科大學、中山大學（深圳）、哈爾濱工業大學（深圳）、暨南大學（深圳校區）。

與其他中國內地城市以及香港都不同的地方，在於深圳近 20 年來引進了一大批研究生院，林林總總共 23 所。除了較為人熟知的清華深圳國際研究生院和北大深圳研究生院，還有廈門大學深圳研究院、上海交通大學深圳研究院、北京航空航天大學深圳研究院、山東大學深圳研究院、香港大學深圳研究院、香港理工大學深圳研究院、香港浸會大學深圳研究院、香港科技大學深圳研究院、香港城市大學深圳研究院、西北工業大學深圳研究院、大連理工大學深圳研究院、南開大學深圳研究院、武漢大學深圳研究院、南京大學深圳研究院、浙江大學深圳研究院、北京理工大學深圳研究院、中南大學深圳研究院、東南大學深圳研究院、中國海洋大學深圳研究院、對外經濟貿易大學深圳研究院、中國地質大學深圳研究院。

本書寫作期間正在籌建中的還有：中國科學院深圳理工大學（籌）、深圳音樂學院（籌）、深圳師範大學、深圳創意設計學院、深圳海洋大學等。

對比之下，香港在 1990 年以前只有兩所大學，即香港大學和香港中文大學。1991 年香港科技大學成立，開始了擴充高等教育的階段：1994 年，香港理工學院、香港浸會學院和香港城市理工學院升格為大學；1999 年將嶺南學院升格為嶺南大學；2016 年將香港教育學院升格為香港教育大學（更多比較，見表 6-1）。

表 6-1　1980 **年後深圳與香港高等教育發展歷程對比**

年份	深圳	香港
1980	深圳廣播電視大學成立，為深圳市第一所公辦高等學校，2020 年更名為深圳開放大學	
1983	深圳大學成立	
1993	深圳職業技術學院成立	
1991		香港科技大學成立
1994		香港理工學院、香港城市理工學院、香港浸會學院獲授予大學名銜，分別名為 1）香港理工大學 2）香港城市大學 3）香港浸會大學
1996	暨南大學中旅學院成立	
1999		1）香港嶺南學院獲授予大學名銜，更名為香港嶺南大學； 2）香港專業教育學院成立，為香港職業訓練局屬下的專上院校
2000	廣東新安職業技術學院正式成立	
2001		明愛徐誠斌學院成為認可專上學院
2002	深圳信息職業技術學院成立	
2003		才晉高等教育學院成立，為香港職業訓練局屬下的專上院校
2004		1）珠海學院成為認可專上學院； 2）城大專上學院成立，於 2019 年更名為香港伍倫貢學院
2007		1）香港樹仁學院獲授予大學名銜，更名為香港樹仁大學； 2）香港知專設計學院成立，為香港職業訓練局屬下的專上院校
2011		東華學院成為認可專上學院

年份	深圳	香港
2012	南方科技大學建立	香港高等教育科技學院成立，為香港職業訓練局屬下的專上院校
2013	中國科學院大學深圳先進技術學院成立	
2014	香港中文大學（深圳）成立；清華－伯克利深圳學院成立	香港能仁專上學院成為認可專上學院
2015	中山大學深圳校區成立	港專學院、宏恩基督教學院成立，屬於認可專上學院
2016	北京大學深圳校區成立；清華大學深圳國際研究生院（清華大學深圳校區）成立	香港教育學院獲授予大學名銜，更名為香港教育大學
2017	深圳北理莫斯科大學成立；哈爾濱工業大學深圳校區成立	
2018	深圳技術大學成立	香港恆生學院獲授予大學名銜，更名為香港恆生大學；耀中幼教學院成立，屬於認可專上學院
2020	天津大學喬治亞理工深圳學院正式成立；暨南大學深圳校區成立	

（標記了下劃線的學校為 8 所全日制本科院校）

　　香港高等教育的擴張，首要因素是 1984 年《中英聯合聲明》的簽署，確認英國將於 1997 年將香港主權歸還中國。香港社會確認需要培養更多的本地人才，教育統籌司韓達誠於 1984 年 11 月指出政府計劃把 1989 年至 1990 年的適齡中學畢業生的大學升學率從以前的 4% 增加至 8%，於是政府開始籌備第三所大學。1994 年將多所大專升為大學，也是同一理由。其實對於一個進入了後工業化的香港，8% 是很低的。

　　隨着考生人數逐年下跌，根據 2020 年香港中學文憑考試（DSE，

2012 年開始，相當於中國的高考）成功獲得八大或公開大學學士學位錄取的學生人數計算，香港的本科錄取率達 37.5%。根據香港大學資助委員會的統計[6]，2020/21 年度香港公立大學的核准學生人數（相當於全日制人數）指標是 84,312 人，實際在校本科生人數為 101,797 人，差不多是深圳的大學在校人數的 60%，而香港人口約為深圳人口的 40%。本科生中，80% 為香港本地學生，13% 為內地學生，其他地區與國家來的佔 7%。

香港本科錄取率迅速攀升，除了增加了大學學位數量，還與入學年齡段的人口絕對數下降有關，這是香港進入高齡化社會的另一端的表現：低出生率在導致香港出現中小學「殺校」的同時，反倒提高了大學入學率。37.5% 這個入學率遠遠高於中國內地，包括深圳。

前面提到，深圳的研究生院特別多，而 2012 年南方科技大學成立之前，提供本科學位的僅僅是 1980 年代根據鄧小平先生指示建立的深圳大學。這個研究院大大多於大學本科的奇特現象，大概在全世界也是絕無僅有。深圳政府投資設立大學城卻遲遲無法招收本科生，而香港卻可以 10 年內升格六所大學，只有一個解釋，就是國家可授予學位大學的審批制度上的差異，而不是地方政府不同的選擇或支持力度。換言之，深圳市政府已經盡力支持在本地提高培養人才，特別是本地「新一代深圳人」已經進入成年期。

雖然從我們收集的數據中無法得出確切的結論，即深圳大力引進和拓展高等教育，是否與深圳新移民家庭形成的本地出生的「新一代深圳人」這一因素關係最為密切，但這至少是其中一個重要考慮。也許更重要的考慮是出自政府宏觀層面的判斷：成為現代大都會的基礎之一，是高等教育和相關的人才培養。

6　香港大學教育資助委員會：教資會資助院校統計表（2020/21）

6.4 不同階段的不同目標 ── 高齡化的香港

我們前面已經把香港和深圳按照相類似發展階段做了比較，這兩個城市的相類似發展階段在時間軸上處在不同的時間段，但由於外部環境完全不同，內部發展動力、政府角色也都不同。再來看看這個已經走到後現代社會之後的香港，與深圳的差別。最有決定性和啟示性的，應該是市民本身 ── 香港已經開始進入老齡化社會。

從圖 6-5 可以看到，香港人口有兩個明顯的特徵：(1) 女多男少；(2) 六十歲及以上的人口比例很高，而 20 歲以下的人口越來越少。

圖 6-5 2021 年香港人口結構金字塔

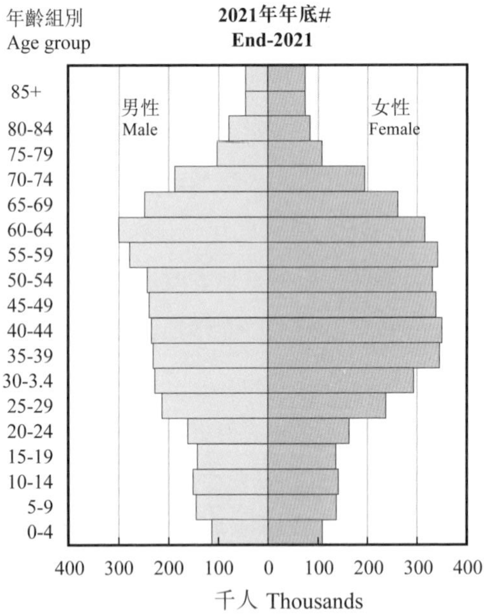

資料來源：香港特區政府統計處

圖 6-6 是根據香港政府統計處《人口推算 2020 到 2069 年》，分三

個組別的動態曲線。可以看到，人口年齡結構的變動從 2015 年開始到 2039 年這 25 年最顯著。「未成年 (0−17 歲)」、「成年人 (18−64 歲)」和「老年人 (65 及以上)」中，具有勞動力的成年組隨着時間推移變得越來越小，同時，老年組人數佔比越來越大。到 2039 年，將出現「高齡海嘯」(前勞工及福利局局長羅致光博士語，見圖 6−7 中間時段)[7]。這意味着每一個勞動力所供養的退休人士的比例將上升。

這並不是未來的故事，而是當下香港正在經歷的現狀：低出生率和越來越長壽的香港人。按照聯合國定義，當一個地區 65 歲以上老年人口佔總人口逾 7%，便進入了老齡化社會；20% 以上則是超老齡化社會[8]。根據這個標準，香港在 2022 年已經成為超老齡化社會 (滿 65 歲長者佔總人口逾 20%)；到 2036 年，老年人口比例將達到 30%，男女預期壽命分別達 85.2 及 90.9 歲。

香港並不是唯一也不是第一個進入高齡社會的地區，在國際上有很多類似的地方比如日本和北歐國家。但與北歐福利型國家不同，香港這個「小政府」型經濟體對社會福利特別是對老年人提供的服務相對有限的。2022 年初在新冠疫情第五波衝擊下，一下子暴露了香港民辦安老院的各種問題，也暴露了公共衛生基礎設施和機構缺乏與民間養老機構協調的機制問題。

雖說這方面政府的工作不盡人意，但實際上在長者方面政府的經常開支是不斷上升的，這恰恰反映了香港踏入高齡社會的現實。香港體制內的兩位經濟師在討論該問題時製作了一張圖 (見圖 6−8)，反映了 2010 年以來政府對長者生活津貼的增加。2020 年新冠疫情期間，社會和政府都明白了，需要更多的開支用在長者的健康方面。

7　〈10 年後「高齡海嘯」，羅致光：結合創科產業應對〉，明報，2021 年 11 月 8 日。
8　香港特區統計處數據。

圖 6-6 2020-2069 年香港長者及青年人口推算

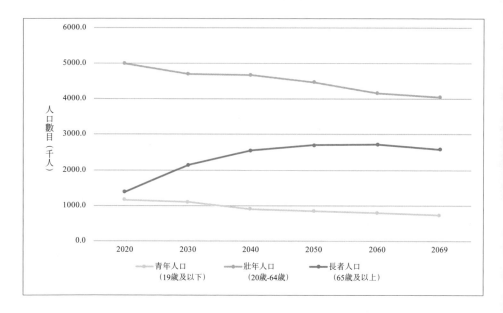

圖 6-7 2020-2068 年不同年齡組別長者人口變化推算

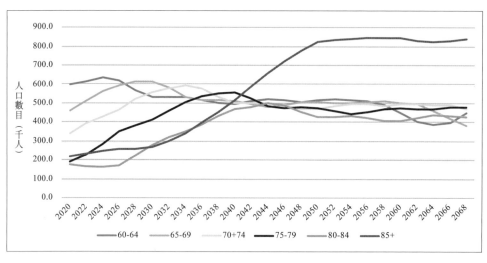

資料來源：香港特區政府統計處：《香港統計月刊》(2022 年 3 月)

世界級大都會 —— 港深雙城的演化經濟地理學

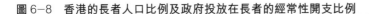

圖 6-8　香港的長者人口比例及政府投放在長者的經常性開支比例

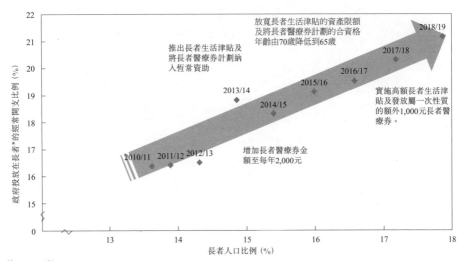

註：　　　(*)　包括社會福利、醫療及其他支援服務。
　　　　　　　人口數字不包括外籍家庭傭工。
資料來源：　政府統計處人口統計組；財經事務及庫務局；政務司司長和勞工及福利局局長演辭
　　　　　　　（不同年份）

　　除了政府開支方面的不同，高齡化社會一個重要的問題就是由誰來養活退休人士？香港在回歸以前，香港立法局於 1995 年 7 月 27 日通過《強制性公積金計劃條例》，並在 2000 年 12 月 1 日正式實行。強積金制度是一個與就業有關、強制執行和屬私營性質的公積金制度，年齡介乎 18 至 65 歲的僱員和自僱人士均須參加強積金計劃。從一定程度上，對於一個小政府的資本主義社會，強積金是少數對企業實行強制性措施，保證退休僱員在一定程度上有基本生活保障的途徑。

　　另外，香港與內地非常不同的，是有大量的民營養老機構。按照長者護理需要程度由低到高，香港的養老機構可分為安老院、護理安老院和護養院。據特區政府社會福利署 2015 年統計，香港各類養老院舍共有 925 家，提供 73,595 個宿位。其中不受政府資助的私人養老院

佔一半以上，達 547 家，提供的宿位達到 50,315 個。根據 2020 年 7 月政府的摸底統計，私人養老院總數增加到 560 家，平均年齡為 84 歲，其中超過 80 歲的老人佔 64%。2022 年，一些民間機構統計，香港的安老院達到了 700 所。[9]

香港年齡達 65 歲以上的長者，通過特區政府「安老服務統一評估機制」，每月只需支付 1,500 至 2,000 港元的護理費即可入住政府指定的養老院社。但因申請人數眾多，牀位供不應求，排隊時間通常需要 3 年左右。因此，很多長者轉為選擇私營安老院。而經營上自負盈虧的私營安老院社，收費一般在每月 9,500 至 13,500 港元不等（此數字為 2022 年 4 月的情況）。

私營安老院通常規模都不大，一般提供幾十個宿位。這些安老院普遍面臨着兩個基本問題：高房屋租金和高人工成本。高房屋租金很容易理解，這與香港整體土地供應政策有關。高人工成本或者高工資，指的是因為老人護理服務業被視為厭惡性工作，本地很少人可以接受。請外來勞工（主要來自內地，因為需要有語言溝通能力），他們在本港的生活特別是居住成本不低。扣除這些開支的實際所得，是決定他們是否會來港工作的基本前提。因此，安老院的護工普遍薪金較高。

作為一個「小政府」的香港特區政府，是否可以找到一個辦法，一方面合理地提供適合的土地，一方面在「積極不干預」的原則下，推進養老院質量的改善，是一個巨大但又不可迴避的難題。2022 年 3 月新冠病毒第五波襲擊所引發的安老院大面積染疾的深刻教訓必須汲取。

9　參見長者家網站，https://www.hoe.hk/

6.5　本章小結

　　這一章討論了三個貌似不相關的方面：作為深圳數碼消費產業起步階段的山寨手機製造業，香港進入超老齡化階段的種種問題，和兩地在不同時段出於不同原因都加大高等教育的投入。然而，這恰恰反映了兩個在地緣上緊密相連的大都市各自按照自己社會的基礎和不同的節奏，向着不同的方向邁進。

　　深圳 2010 年前後山寨手機產業的大發展，奠定了其後來以消費型電子產品為核心的製造業的基礎。沒有這方面方面人才、產業鏈和銷售渠道的積累，以及一個理解該過程政策環境需求的政府，便不可能形成一個有利於發揮創新精神並繼續在消費品製造業擴張的社會氛圍。因此，筆者認為，這是決定深圳發展走向的基因。

　　與此對應的是香港迅速轉型：製造業大比例下降，除了一些食品加工企業和金器首飾之外，整個社會都轉向了服務業，從金融、保險、旅遊，到物流、貿易、文化產業。香港各個大學的電子、電機、生物、化學等專業的畢業生都難以找到專業對口的工作，而金融、法律、醫科則一直是本地最難考入的專業。迅速消失的製造業，特別是前面介紹過的紡織、製衣、玩具、鐘錶等行業，鮮見繼承者，漸漸失去了根基。或者說，因為原來就沒有進化到對關鍵技術的掌握，本來這方面的根基就淺。真正的根基或者說基因是重商文化。從實體貿易到金融交易，從門戶港到「超級聯繫人」，本質就是通過中介角色為生和牟利。客觀上，這個角色或者定位對深圳而言，是正面的，本書將在第八章中進一步展開這兩個城市互動的那個層面的細節。

　　兩個城市在差不多同等經濟水平的發展階段上都不約而同地努力擴充高等教育，這是一個有意思的現象。兩個城市條件不同，外部制約因素不同，出來的結果差異不小。香港在招攬國際優秀教學與科研

人才方面及吸引國際學生方面有優勢，包括薪金待遇、研究開放性、全球化招生和跨國交換生計劃。結果無論老大學的地位提升還是新大學創牌，都相當成功；深圳則受到某些上位審批的限制，遲遲無法增加大學的數量，雖然本地需求殷切。然而，香港本地缺乏高科技企業，結果一方面出現培養出的人才流向他鄉，另一方面，本地生集中報考本地就業熱門的學科。當然，如果從將香港看作一個中國的國際化大都市角度出發，為國家甚至世界培養人才，也是理所當然，因為這樣做其實是在全球範圍內提升了香港高等教育的地位和文化價值。

最後，值得注意的是當香港進入後工業的發達城市行列的同時，也迅速進入了「超老齡」社會。除了人，還有城市的發展機制和建築也開始老化。這方面香港與深圳的差別也是巨大的。首先，香港半個世紀前開始興建的公共房屋（「廉租屋」或公屋），已經開始老舊，需要逐步翻新。這個翻新期將與香港老齡化高峰期重疊。由於公屋是由政府出資為底層勞工家庭興建和租用，具有社會福利性質，從政府財政角度，屬於不能盈利的純支出或投入。

在城市發展方面，雖然在世界城市發展史上，與歐洲的城市相比，香港屬於年輕的，比美國的大城市「老」不了多少。中國內地城市如北京、廣州，都比香港「年紀」大很多。但從城市發展角度，香港有個特點，就是從租到「新界」的 1860 年開始，香港作為城市，其邊界就基本上是固定的，沒有擴展的餘地。那麼，現在是不是從深圳依託香港發展的時期進入了香港依託深圳發展的時期？這是後面幾章要回答的問題。

第 七 章

超高密度城市化：
香港與深圳的發展方向

在很長的時間裏，香港曾一度被認為是世界上居住密度最高的城市。的確，無論從城市層面，還是行政區層面，香港至今仍然在人口密度上遠遠高於歐美國家的城市，也比東京、首爾、新加坡等亞洲發達城市高。當然，與亞洲發展中國家的大都市如菲律賓首都馬尼拉和孟加拉首都達卡比較，香港就小巫見大巫了。為甚麼歐洲城市歷史更長，密度卻高得有限（雖然巴塞羅那和巴黎在歐洲人眼中已經是很高密度的都市），但亞洲發展中大都市的密度卻如此高？為甚麼香港內部有密度極高的區域，更有超過七成半沒有動用的土地？這一切都與 (1) 城市化進程有關，(2) 與是不是有人為的管制有關。

這兩點也都與深圳的發展高度相關。根據本人計算，深圳不僅是世界上城市化最快的——人口從 33 萬（1980 年）到 1,756 萬（2020 年）僅僅用了 40 年的時間，也是中國人口密度最高的——8,793 人／平方公里（2018 年），超過了香港（6,777 人／平方公里，2016 年數字）。而且在這急速城市化時期，深圳經歷了兩個特殊過程，一個是原來有「經濟特區」＋「二道關」關外幾個郊區的體制，到悄悄消滅了兩者之間的硬邊界，成為一個有統一但相對於內地有某種特定政策優勢的特大城市。另一個是深圳至今仍然有大量的「城中村」，而且仍然有約深圳總人口 60% 的居民在那裏居住和生活。這是深圳過去、今天、未來都需要天天面對的特殊問題。

無獨有偶。香港在歷史上也曾經分為兩塊：港島和九龍是一塊，新界是另一塊。「新界」就是因為它是港英政府 1898 年 7 月才有的「新的租界」，與 1841 年香港開埠間隔了半個世紀，而且條款也不同。雖然從政治原因、法律背景和有無物理分割線這些重要方面都與深圳特區的「二線」將深圳市分割「關內」「關外」兩塊不同，但在城市化過程中，在兩個方面很有可比性。第一是土地擁有權及其變更方面。香港也有大量的「城中村」，不過它們從來不被稱為城中村，只是稱為「鄉」

或「村」或「圍」，分佈在新界（包括早期進入城市化的「新九龍」地區），它們歷史上形成的土地擁有權與深圳的城中村不同，政府對其治理也不同，因而演繹出完全不同的後果。第二，香港城市化過程比深圳長很多，而且有很不同的規劃思維。雖然深圳這些年借鑒了包括「法定圖則」等一系列香港的城市規劃手段，但由於城市發展太快，也由於包括經濟結構和土地擁有權等方面的原因，出現了比香港比例更大的高密度建成區。傳統上，極少見到經濟學界對此進行比較和討論，雖然這與經濟學有相當密切的關聯，特別是這兩個城市的土地價值或單位面積租金隨着其經濟活動的增加而增加。但筆者認為，這種情況是這兩個人為圍構出的「比較環境」在成功發展到某個程度後出現的必然後果，它不僅體現兩者不同的城市發展基因，也直接影響兩個城市未來發展的可能性。因此，我在這裏用一個章的篇幅做專門的討論。

7.1 解析深圳極速城市化過程與「城中村」演變

從 1990 年代開始，國內外特別是城市社會問題方面的學者和機構都有大量關於城中村問題的研究，而且不僅限於深圳。例如對北京的「浙江村」、「新疆村」等也有深入的探討。中國的城中村並不是一些發展中國家城市裏的貧民窟。通常所說的「城中村」，是指城市不斷擴大的過程中，位於城區邊緣農村被劃入城區，在區域上已經成為城市的一部分，但在土地權屬、戶籍、行政管理體制上仍然保留着農村模式的村落。城中村是 1978 年改革開放以後，中國大陸地區城市化進程中出現的一種特有的現象。一些經濟發達地區（如珠三角、長三角、環渤海、直轄市、省會城市等）城市化過程中建成面積迅速擴張，原先分佈在城市周邊的農村被納入城市的版圖，被密集的高樓大廈所包圍，這種「城市包圍農村」形成了一批「都市裏的村莊」。

然而，深圳與眾不同之處在於：從空間上，它的城市化並不是一個漸變的過程，而是從 1980 年宣佈成立深圳市開始，不到 10 年的時間就將一個 327 平方公里的經濟特區變成了充滿工商業的大城市；而當特區範圍擴大到全市範圍的 2010 年，整個 2,050 平方公里的深圳變成了一個現代化的、人口超過 1,200 萬的超級大都市。因此，這裏的自然村從來沒有被慢慢被納入城市發展的過程，而是從一開始，就是城市的一部分。

根據楊鎮源、胡平、劉真鑫的研究[1]，深圳市規劃和國土資源委員會調研數據顯示，深圳市城中村用地總規模約 321 平方公里，約佔深圳土地總面積的 16.7%。同文指，根據深圳市住建局的摸底調查，深圳

---

[1] 楊鎮源、胡平、劉真鑫（2020）「村城共生：深圳城中村改造研究」，《住區》雜志 2020 年 03 期「住區研究」。

共有以行政村為單位的城中村 336 個（其中特區內行政村 91 個），自然村 1044 個（一個或多個自然村組成一個行政村），城中村農民房或私人自建房超過 35 萬棟，總建築面積高達 1.2 億平方米，佔全市住房總量的 49%。

而根據 2005 年版的《深圳市城中村改造總體規劃綱要》[2]，城中村當時的總建築面積 10,562 萬平方米。其中特區內 91 個城中村的容積率（即建築面積 / 土地面積）達到 5（即平均樓高超過五層，以含村內周邊用地一起計算）。周邊的寶安和龍崗也達到 4 和 3。

楊鎮源等的文章更指出，一個非常「深圳」也非常重要的現象，即由於大部分城中村住宅屬於違規建設，建築環境、物業管理水平等方面限制，促使城中村的房租相對低廉，但恰好為初來深打工者提供了最為便捷、經濟的居住場所，而城中村住房與商品房平分住房市場。根據深圳鏈家研究院的長期監測[3]，實際租住城中村的比例可能達租賃總人口的 60%–70%，居住約有 1,200 萬人。或者說，60% 的深圳人居住在佔全市土地總面積 16.7%、總用地 321 平方公里的城中村內，密度高達 37,383 人 / 平方公里！

2019 年新一輪的《深圳市城中村綜合整治總體規劃 (2019–2025)》仍然提到有 252 個行政村、718 個自然村，劃入綜合整治範圍；即是說，至今仍然有超過 250 個行政村等待改造，進入城市化過程。從該規劃附上的深圳城中村分佈圖可以看到，寶安區是城中村數量和面積都最多的（見圖 7–2）。

2　深圳市城市規劃設計研究院（2005）：《深圳市城中村（舊村）改造總體規劃綱要》。

3　楊鎮源、胡平、劉真鑫（2020）「村城共生：深圳城中村改造研究」，《住區》雜誌 2020 年 03 期「住區研究」。

圖 7-1　深圳市區（福田區崗廈村）一帶重建後更高的樓層和密度

圖片來源：作者本人拍攝

圖 7-2 深圳市城中村分佈圖（2019）

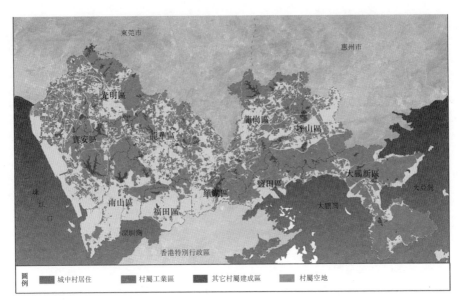

資料來源：深圳市規劃和自然資源局（2019）:《深圳市城中村（舊村）綜合整治總體規劃（2019–2025）》附圖。

　　屬於原經濟特區內的四個區，即南山、福田、羅湖和鹽田，一共有 91 個城中村，面積相對小，而且都已變成「股份公司」。今天的南山、福田和羅湖可以對應香港的港島和九龍，鹽田有點類似香港的「新九龍」，已經完全城市化[4]。該四個市區土地總面積僅為深圳全市的四分

4　特區範圍在 2010 年擴大到深圳全市後，不再有關內關外之分，惟仍然保留原有之特區管理綫，新建連接關內外的道路（如丹平快速路、新彩隧道、留仙大道）則已不設檢查站。2011 年深圳地鐵「五綫齊通」，地鐵從布吉檢查站（草埔站）、梅林檢查站（民樂站）及前海灣、留仙大道、百鴿籠等處跨過二綫關，一度緩解了二綫關關口壓力。2013 年 9 月，梅林檢查站崗亭等設施被拆除；2014 年 7 月，各檢查站的所有官兵被分流到其他邊防單位。2015 年 6 月 4 日晚，深圳啓動二綫關口交通改善工程，對包南頭關、布吉關等在內的 16 個二綫進行關口拆除車檢通道查驗設施等工程，深圳經濟特區的管理綫至此名存實亡。

之一，而原屬於「關外」的郊區，則有最多的城中村，與其對應的正是最密集的製造業集羣。

以最大的寶安區為例。從製造業聚集角度看，2021 年為止，寶安區聚集了國家級高新企業 6,759 家，排名全省第一，科技型中小企業 2,730 家，排名全市第一。這些企業中，有裕同、大族等所謂「隱形冠軍」，主要為蘋果、三星、華為、OPPO、vivo 等手機巨頭供貨。從同區的居住用地看，品質型居住用地規模小、佔比低。居住用地共 4,693 公頃，其中約一半為城中村。實際人口人均居住用地 8.67 平方米，常住人口人均居住用地 14.49 平方米，低於國家標準的 23–36 平方米 / 人，也遠低於市區平均 31 平方米的現狀。大量為企業工作的人口居住在村民自建房中。城中村用地與商品住房及公共住房相當，建築密度高，人口密度高達 15 萬人 / 平方公里。

從下面的兩張圖（圖 7–3、7–4）可以看到，在寶安區北部，沙井、福海、新橋和松崗一帶的工業區的分佈和城中村的分佈是緊密相鄰的，大量的勞工特別是外來打工一族工作和生活在同一個區域。而在深圳寶安機場南側的西鄉鎮，大量的城中村住房和商品房，通過深圳地鐵一號線與位於南山區的深圳高科技園區和大學園區連接，形成大量的通勤：那裏的固戍站和坪洲站是全深圳高峰上班方向候車時間最長的兩個站，因為本區的租金僅為市區的一半左右，中低薪階層例如新入職的大學畢業生或研究生在此居住，以較長的通勤時間省下房屋租金。

寶安區南北兩側城中村的情況都很有代表性。其人口在城中村居住的比例與深圳市整體情況相近（見表 7–1），因為越接近市中心，城中村內建築的層數越高，人口密度也越高，反之亦然。雖然這些高密度的城中村被標籤為「握手樓」，而且看上去佈局凌亂，很多設施都無法「達標」，但其對於深圳過去 40 年發展的貢獻不容置疑——讓數百萬外來打工仔打工妹可以留下來成為深圳人，而這些村子當年的環境

圖 7-3　寶安區現狀居住用地分佈

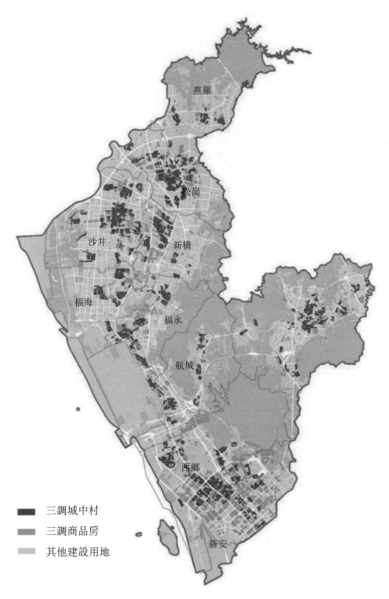

燕羅

松崗

沙井　　新橋

福海

福永

航城

西鄉

新安

三調城中村
三調商品房
其他建設用地

資料來源：深圳市規劃與自然資源局保安管理局及中國城市規劃設計研究院。
註：「三調」即第三次全國國土調查（2019 年 12 月 31 日數字為準）

圖 7-4　寶安區工業用地分佈

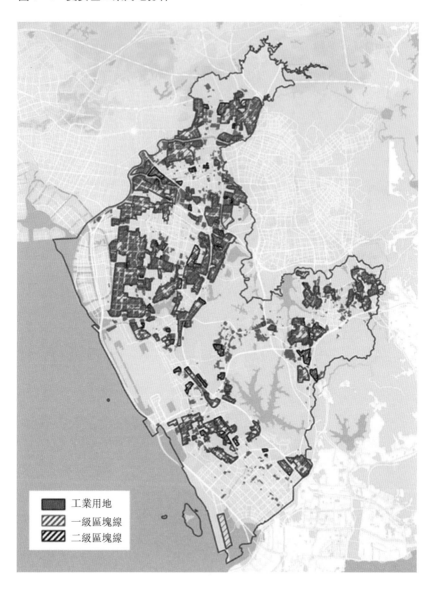

工業用地
一級區塊線
二級區塊線

並不比 1950–1970 年代香港工業化期間勞工階層的住宿情況差。從居住的內部環境與周邊方便程度來看，甚至也不比 1960–1980 年代香港的「公屋」（廉租屋）差。

然而，如何進一步改善這些城中村的生活狀況，同時為已經用盡可以開發土地的深圳提供更多居住和其他活動空間，則成為深圳當今最大難題之一。一個剛剛 40 歲的城市，「舊城改造」已經成為其大量城市規劃項目的關鍵詞，不能不說是世界罕見。而該問題的難度並不在建築本身是不是應該保留，而是如何處理好產權問題和如何確保買不起房的中低工薪階層，可以在不差於他們在城中村居住的條件下租到房子住。這與下一節要討論的香港新界丁屋問題很有異曲同工之妙，因此，容我到下一節的結尾，比較兩個城市時再回到這個議題。

表 7-1　深圳市居住空間構成及城中村在其中的角色

類型		用地		建築		套數		居住人數	
		面積（平方公里）	佔比（%）	面積（萬平方米）	佔比（%）	個數（萬套）	佔比（%）	人數（萬人）	佔比（%）
商品住房				6118	43.42%	57.4	20.41%	126.3	23.98%
公共住房（人才住房、保障性住房、公共租賃住房）		25.31	53.93%	138	0.98%	2.3	0.82%	3.8	0.72%
其他	城中村住房	21.62	46.07%	5696	40.42%	186.3	66.25%	332.8	63.20%
	工業區配套宿舍	—	—	2139	15.18%	35.2	12.52%	63.7	12.10%
居住空間總量		46.93	100.00%	14091	100.00%	281.2	100.00%	526.6	100.00%

資料來源：深圳市規劃與自然資源局

7.2 香港新界丁屋制度的反思

「丁屋」是香港一個獨有的「歷史遺產」。英國與滿清政府 1898 年簽訂《展拓香港界址專條》，英國向清廷租借新界（九龍界限街以北、深圳河以南地區）99 年。據《地租（評估及徵收）條例》，「原有鄉村」指在 1898 年已在香港存在的鄉村，並獲地政署長根據條例所信納；「原居村民」指在 1898 年時是香港原有鄉村的居民或其父系後裔。新界原居民多集中於元朗、粉嶺等地。

1970 年代政府計劃發展新界，為了得到新界原居民的支持，當時的香港政府於 1972 年 12 月實施了「新界小型屋宇政策」，規定年滿 18 歲，父系源自 1890 年代新界認可鄉村居民的男性香港原居民，每人一生可申請一次於認可範圍內建造一座最高 3 層（上限 27 呎或 8.22 米高），每層面積不超過 700 平方呎的丁屋，毋須向政府補地價。當時的政府將各條原居民鄉村現有房屋半徑三百尺範圍劃為「鄉村式發展區」，及至九十年代新界擬定法定規劃圖時，也大致沿用這種劃法。

擁有丁權是不是一種永久業權是有爭議的。「本土研究社」2018 年翻查丁屋和新界規劃的檔案，成員黃肇鴻認為綜合多份解密文件，反映丁屋政策原意並非關乎傳統權益，而是從長遠規劃角度衍生出來[5]。黃肇鴻稱港英政府 1972 年底公佈時指明丁屋政策是過渡措施，文件指出最直接發展新鄉村的做法是透過收地、清拆、安置等程序。若未能按此程序處理，應透過提供較理想的土地使用權（Better tenure），鼓勵戶主改善住所質素。他認為，檔案反映港府推出丁屋政策前正就本港發展制定長遠策略，涵蓋新市鎮至鄉郊地區，往後跟進工作衍生丁屋政策的構思，非與「丁權」有關。

5　本土研究社：「丁屋政策無關傳統權益」，《明報》2018 年 12 月 17 日專訊。

《明報》早前的一個綜合報導[6]，提到「丁權」還涉及對女性的歧視：聯合國消除對婦女歧視委員會就香港提交《消除對婦女一切形式歧視公約》的報告意見中，多次敦促港府撤銷小型屋宇政策中的歧視條款，並確保女性原居民與男性原居民在擁有和獲得財產的權利方面享有同等地位。

同文指出，現有政策中，合資格原居民可在「認可鄉村範圍」（即村界邊沿起計 300 呎的範圍）或鄉村式用地內向政府申建丁屋。發展局資料顯示，2019 年全港鄉村式發展用地總面積約 3,377 公頃，主要覆蓋 642 條認可鄉村。截至 2017 年 10 月約六成「鄉村式發展」土地由私人擁有，而約四成則屬官地。發展局 2012 年回覆立法會披露，扣除道路、人造斜坡等後，約有 932.9 公頃的鄉村式用地未經批租或撥用，面積相當於近 50 個維園。

圖 7–5　香港新界典型的合建型丁屋羣

圖片來源：作者本人拍攝

6　「時事議題：丁屋政策與丁權爭議」，《明報》2020 年 11 月 26 日專訊。

高等法院裁定在私人土地上興建丁屋合法合憲，但以私人協約或換地方式興建丁屋，不屬傳統權益，意味着政府逾 900 公頃預留興建丁屋的「鄉村式發展」土地，或有潛力釋放作其他用途。而本土研究社一成員認為，政府若毋須預留鄉村式用地發展丁屋，變相釋放有關用地的發展潛力。他認為，即使扣除零碎地段，單計每幅面積達 0.05 公頃土地，仍有約 34 公頃較整全用地，且位於新市鎮或交通幹道附近，若按規劃署指引，鄉郊地區最高住用地積比率 2.1 倍，以每個單位 40–50 平方米推算，保守估計已可建逾 1 萬個住宅單位。

不過至今為止，丁屋區建設的屋宇仍然是搶手生意。根據《八鄉錦田區報》2013 年的一篇報導[7]，按這個方法被劃入「丁屋區」的土地，大部分是良好的耕地，還有村落的風水池。因此，當村落逐步沿着「丁屋區」擴張，耕地和風水池將會不斷被蠶食。河背、長莆、大窩、水盞田、水流田、蓮花地、牛徑、上村、錦慶圍都有類似情況。根據非正式統計，八鄉錦田一帶有超過一百個由發展商透過「套丁」發展的丁屋屋苑。當年，一個位於大欖隧道附近新建成的屋苑，每幢丁屋的基本成本地價約 34 萬，加上丁權約 50 萬，建築費約 150 萬，補地價約 94 萬，合計總成本約 380 萬。而每幢丁屋開價 800 至 1,300 萬。

從政府角度看，即使丁屋政策原意並非關乎傳統權益，而是從長遠規劃角度衍生出來的，但丁屋這個歷史留下的燙手山芋並不好吃。從法律層面看，挑戰丁權將會是一個漫長的過程。相比之下，在東大嶼山填海和在北部都會區開拓過去的「邊界禁區」要容易得多。東大嶼山 CBD 規劃的困難在於建設成本，特別是與港島和九龍等地連接的橋樑／隧道的成本。北部都會區的困難在於政治氣候和引進人才，這方面的變化迅速，容我在最後兩章再談。解決新界丁屋以及涉及大量的相

7　《八鄉錦田地區報》2013 年 4 月 11 日，1–2 頁。

關土地資源再利用的困難，恐怕也是過去半個世紀以來，港府把解決土地供應問題放在了一種高密度發展的策略上，特別是拓展公共交通網絡和公營房屋的空間配合上。

7.3 香港公屋：改善不足之處

香港公共房屋的發展與政策是一個已經得到廣泛和深入討論的議題，也是一個可以單獨著書立說的大話題，如楊汝萬和王家英編著的《香港公營房屋五十年》[8]。這裏議論公屋發展，是因為它是高密度發展的一個核心組成部分。

公共房屋的主體是公共屋邨。截至 2022 年 9 月，香港共有 258 個公共屋邨，單位總計超過 85 萬個。所謂公共屋邨，就是指由政府、志願團體或私營企業興建，再以低廉價格出租予低收入市民的住宅，俗稱廉租屋。整體上，公共屋邨的房屋單位和住戶數量是私人房屋的兩倍多，公屋人口則幾乎是私人屋宇人口的三倍，目前佔香港總人口大約 29%，過去曾高達近六成。多數學者同意公屋的啟動應該從 1962 年提出大規模興建公共屋邨開始，雖然之前已經有初步的學習過程。有社會學者指出，這是當年港英政府認識到，必須解決企業和市場不為基本勞工提供住宿造成的嚴重社會後果。而政府最初所建的公屋，無論從設計還是建設上，都僅僅是滿足生存需要。後來幾十年，公屋無論從每戶人家的居住面積（9–70 平方米）還是戶內和屋邨內的基本條件都逐步得到了改善，例如有配套的小學和超市等。

然而，無論如何改善，有一點一直沒有變，那就是超高的居住密

8　楊汝萬，王家英（編），《香港公營房屋五十年》，香港：中文大學出版社代香港房屋委員會和香港亞太研究所出版。

度。根據香港規劃署關於 2020 年土地使用的統計數據，公共房屋佔地約 17 平方公里，而房屋委員會公共租住房屋人口及住戶報告稱，2022 年 6 月有 2,107,100 名居民（約佔香港人口的 29%）居住在公共屋邨。這意味着公共屋邨的住宅密度至今仍然高達每平方公里 123,947 人。這個密度，比較起歐美國家的居住區，應該是很恐怖的了。但必須了解香港的私人屋邨的密度也很高，居住密度大約為該數字的三分之一，即每平方公里 4 萬人左右。也就是說，香港的高密度發展，是整體土地發展策略的結果，而不是針對窮人，雖然窮人的居住環境最擁擠。

高密度作為一個整體策略，一方面是因為香港山地多平地少，寸金尺土，另一方面，高密度的活動空間如果配以公共交通系統，其一，可以降低低收入階層的通勤成本，其二，密度經濟是一種規模經濟，使得公共交通系統更容易生存和盈利。1970 年代末期，香港地鐵系統投入運行後，用了 30 年左右的時間，逐步形成「糖葫蘆串」式的線型網絡。政府為鐵路系統提供特別土地，在每個站點周邊或上蓋發展商住物業小區，形成所謂 TOD（公共交通導向發展）的模式。在早期的線路沿線的觀塘站、荃灣站、柴灣站、彩虹站等地，分佈了大量的公共屋邨。之後，在更遠的屯門、天水圍、元朗修建了輕鐵，在大埔、上水，通過免費巴士接駁的方式將那邊的公屋與東鐵線連接。最後，在大嶼山的東涌等比較晚期的鐵路沿線繼續配套興建公屋，讓公共交通優先特別是鐵路優先的理念與公共房屋建設變成一個整體。重要的是，這種以 MTR 為主幹的公共交通系統服務的對象不僅僅是公屋居民，也是大多數私人屋宇群的市民。根據相關研究，香港在使用機動交通工具的通勤人士中，90% 使用公共交通工具而不是私家車，這是世界首屈一指的百分比。

最近香港中文大學學者一項關於香港私人屋邨與公共屋邨人士通勤時間的研究發現，比較 1995 年與 2011 年地鐵沿線的公屋與私人屋

邨，兩者以人口權重後計算步行到達地鐵站的時間差別略有增加，分別為 18.9 分鐘和 16.8 分鐘[9]。作者認為，這個差別增加，反映私人地產發展商越來越主動地爭取在地鐵站附近建設住宅區，導致 TOD 發展模式增加了社會不公。但若換一個角度看，這恰恰說明，在香港鐵路網已經成為高密度發展的線型骨架（見下圖 7-6）——無論政府投資的公

圖 7-6　香港公共屋邨和私人屋邨與香港鐵路網的空間關係（2011 年數據）

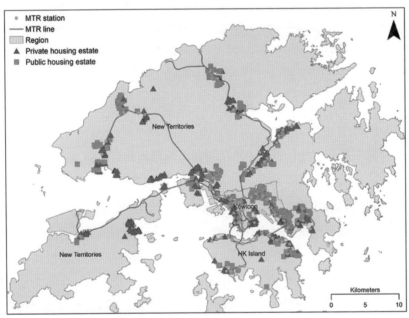

Figure 2　Location of housing estates
Source: Hong Kong Census and Statistics Department (2011)

資料來源：香港特區政府統計處

9　Sylvia Y. He, Sui Tao, Yuting Hou and Wenhua Jiang, Mass Transit Railway, transit-oriented development and spatial justice: the competition for prime residential locations in Hong Kong since the 1980s The Town Planning Review, 89 (5) 2018.

屋還是民間投資的私人屋苑，都已經與鐵路網形成一種互動演進的關係。幾個大規模同時又偏離地鐵線的私人屋苑區，例如大嶼山的愉景灣，也是靠輪渡這個水上公共交通工具與中環等 CBD 就業中心區連接。

7.4 高密度發展的趨勢

前面提到，深圳總計 321 平方公里的城中村有超過 1,200 萬人口居住，即深圳人口的 60% 左右。如果按照 1,200 萬人估算，即每平方公里 37,383 人。而城中村主要分佈在原來的關外區域，特別是寶安、龍華、龍崗等地，佔全市土地的 16.7%，居住面積佔 49%。無論是從空間分佈還是從在那裏居住的人口數量和密度上來看，都與香港新界有私人土地業權的丁屋情況截然不同，而是更接近香港的公屋，那裏住着 44% 的香港總人口。

除了居住密度，兩個城市商業區大規模超高建築羣也是世界罕見的。港島沿海地區從 1950 年代開始就不斷填海造地，摩天大廈層層密佈。1998 年東九龍的啟德機場停用後，九龍區特別是維港附近的尖沙咀一帶的私有建築全部加高，例如半島酒店。深圳則是世界上擁有最多高度在 200 米以上摩天大樓的城市，而且高度集中在三個區域——南山區、福田區和羅湖區。其中的南山區，並非金融中心，也不是傳統 CBD，而是高科技公司聚集地。這與美國加州的高科技聚集地矽谷非常不同。這種聚集從某個側面推翻了西方關於高科技人才主要考慮「陽光帶」生活環境而從美國北部遷到加州低密度地區、因有史丹福大學這樣的研發孵化器選在矽谷發展的說法。對於中國年輕一代的科技人才和初創科技企業而言，制度環境恐怕是最重要的：沒有頂級大學也沒有寬敞別墅的南山區而不是中國其他地方聚集了如此眾多的科技公司，是因為過去幾十年深圳形成過程中出現的獨有基因（見第 4 章和

第 5 章）。而密度帶來的高可達度，更進一步強化了這種聚集，因為高密度使得很多新技術比如 5G 環境更容易實現。同樣的道理也適用於香港的金融服務業。香港大學有研究分析了香港的金融地理，指出除了一些與證券交易不直接相關的服務擴散到鰂魚涌和西九龍，最直接的交易市場活動仍然高度集中在中環。[10]

無論高密度居住還是高密度商業活動，最大的弊端有二：第一是大規模職住分離導致大規模通勤，搞不好就可能浪費大量時間在路上，如果是開車，還有大量的能耗和高碳排放；第二，突發的衛生或環境事件比如高傳染疫情爆發或火災等，處理不好，殃及人眾。

鑒於香港公屋系統是政府興建，同時與香港整體交通運輸網絡是互相配合規劃與發展的，並且早在 1970 年代末就開始控制私人汽車的擁有和使用量，上述第一個弊端在某個程度上得以避免。而深圳在其發展的前 20 年，和很多內地城市一樣，把「小汽車進入家庭」視為現代化的一部分，一直持有一種鼓勵的態度。同時，不斷拓寬深南大道等東西走向的公路的後果，是短期減少堵塞，中長期增加了堵塞。進入本世紀，深圳明白了公交優先不是靠說，也不能僅僅靠修地鐵，而是需要在拓展地鐵的同時，有效管制私家車的使用，同時配合地鐵，實現 TOD 型的發展。然而，小汽車進入家庭，不僅堵塞交通，更形成了一種生活方式。特別是當社會中產及以上階層的家庭都靠私家車出行以後，任何進一步限制私家車的政策和法規都很難真正落實。在這方面，香港算是成功的，因為它在大多數中產階級家庭擁有車輛之前，就已經在社會上形成了必須依靠公共交通優先的理念共識，並強行推

---

10 參見香港大學的兩位學者 Zhao SX（趙曉斌）和 Lenzer JK Jr 於 2015 年發表的研究 'Gauging and understanding the growth and decline of Global Financial Centers over past decades: big trend and big factors'（at Global Conference on Economic Geography, GCEG 2015）。

行了相關的政策。

與這兩個城市高密度發展相關的是高租金和高單位面積的經濟產出（GDP/km^2）。高密度並不一定會導致高租金。土地或者房屋的絕對租金水平與城市本身發展程度有關，例如孟加拉的達卡就屬於密度非常高，但絕對租金水平比世界其他發達大都市低很多。相對租金水平，無論在城市內不同區域的比較還是與其他城市的比較，最重要的影響因素是綜合可達度（Comprehensive accessibility）。所謂綜合可達度，是指城市的某一部分所提供的各種服務，從高端到低端，從對商業的金融服務到為市民的政府服務等的全面和完善程度。香港的灣仔被中國城市規劃研究院深圳分院評為粵港澳大灣區這方面程度最高的街區，正是為此。這種提供全面服務的地點，根據「地理中心論」，必然出現在市中心。雖然越來越多的城市明明也在實踐「多中心」化的發展，即一個城市有幾個中心商業區（CBD），但從房屋租賃市場的本質看，這是因為單一中心出現了「聚集不經濟」的負面影響，或者説，單一CBD的空間組織已經無法支持該城市龐大的經濟體量。例如，在寸金尺寸的香港中環，見縫插針的發展商不僅見到無縫可插，也發現向高空發展的單位面積建築成本已經變得無利可圖。

既然都是高密度，經濟發展水平也越來越接近，香港和深圳會不會用相似的方法化解目前無法解決的超高密度發展的困境？由於兩個城市在產業結構、空間結構和發展路徑包括產權制度上的差異和城市規劃上的不同，進一步的演變似乎並不一定會殊途同歸。首先，兩者產業結構的差異，決定了受到高租金壓力的行業不同。對於深圳，繼續維持相對大比重的土地給製造業，壓力很大，因為製造業的單位面積回報相對於中高端服務行業要低。香港也面臨同樣問題，但因為租金壓力難以生存的主要是倉儲物流業，因為製造業比例極低。其次，香港境內可以轉換為建設用地的「棕地」仍然不少，關鍵在如何通過法

規與政策的調整，有效地發掘它們，比如預留給「丁屋」的新界土地。而深圳的建成面積已經佔到全市土地的 50% 左右。按照內地近年城市建設的要求，深圳已經進入了必須依靠盤活「存量」土地資源的城市。換言之，沒有新的土地資源，只有兩條路徑：改造現有的區域特別是城中村，以及向周邊城市擴張。

近幾年，惠州與東莞和深圳交界的區域已經出現了製造業的蔓延和跨城市通勤。有學者和研究機構認為 [11]，這種區域化的產業發展應該鼓勵，而且珠三角這方面遠遠不如長三角，那邊各個城市既有自己獨立的城市特色和發展，也從客觀上支持了通勤。筆者認為，這種情況很難在深圳與周邊的惠州和東莞的關係中見到，主要原因有兩個：第一，周邊城市無法獲得深圳所有的「比較環境」及其依靠的政策；第二，新移民主導的深圳的亞文化與東莞和惠州完全不同。這與上海、杭州、蘇州、常州、無錫等地的情況很不同。這兩個方面當中，改變東莞或者惠州，延伸深圳政策為基的「比較環境」，比形成相對成熟、有某種內在同質又互相通融的亞文化還是容易些。

不能忘記的是：深圳周邊的城市，還有香港！但是，不僅因為香港地價更高，也因為兩個城市都是由特殊制度構成的主體，深圳向香港方向「溢出」特別難。不過，香港回歸後 20 多年並沒有改變自己限制性買地的基本「區策」，它的確有一片土地，即「北部都會區」劃定的範圍，有可以接受深圳經濟溢出的空間。1980–1990 年代香港經濟向北溢出的時候，沒有人會質疑這種遷移的市場必然性。那麼，在兩個城市的發展密度超高，而深圳比香港更缺少發展空間的時候，反向溢出是否也有其合理性的一面呢？

---

11 鄒碧穎，王延春，張明麗：〈深圳如何讓創新引領發展？〉《財經》，2022 年 09 月 28 日。

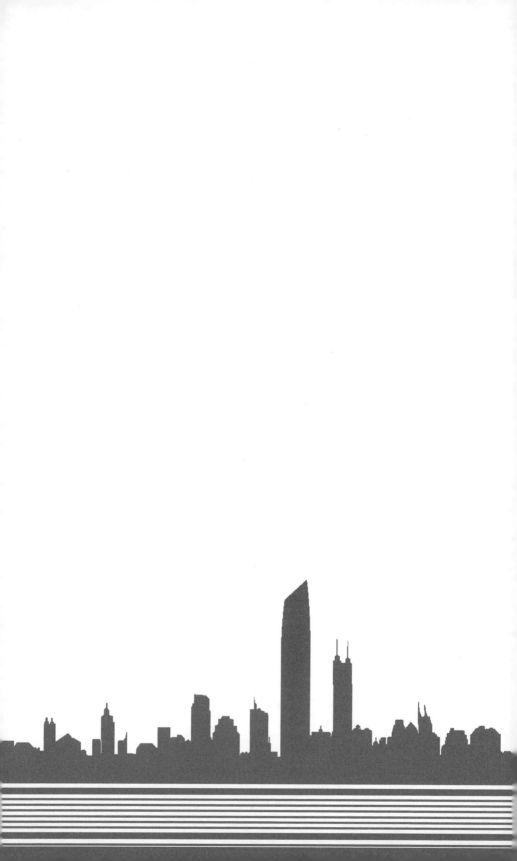

第 八 章

不對稱的跨境互聯互通

人們早就明白一個道理：對於一個黑箱內的機器，如果不能打開它看個究竟，最好的了解方式，就是觀察和分析它的輸入和輸出。這個道理一樣適用於分析香港和深圳在各自演變過程中的關聯，因為港深兩個城市互為對方最重要的鄰居和經濟夥伴。這一章就是解讀港深之間跨境並且跨制度的四大要素——人員、貨物、金融和信息的流通和它們背後的含義。

8.1 人員跨境互通是最重要的

先看人員跨境的情況。根據香港運輸署的資料，2001 年以來到 2019 年 10 月，即香港政治動亂和新冠疫情爆發前，海陸空進出香港的總人數從 1.49 億人次（2001 年）增加到最高峰的 3.14 億人次（2018 年），即 20 年間翻倍（見表 8-1）。從陸路過境的人數看，2018 年平均每天往返陸路經深圳進出香港的高達 64 萬多人次。當然，實際上，考慮到每年中國春節等節假日超高的峰值往返，平日每天往返的人流大約在 40 多萬。

如果再進一步按照進出口岸細分，從 2001 年到 2018 年，乘坐船隻進出香港的人數和比重下降，空港和陸路口岸上升明顯。深圳西部通道開通後，經過羅湖進出的人數比重從近六成下降到不到三成（見圖 8-1、8-2）。2018 年時，落馬洲－皇崗口岸和深圳灣口岸發揮了明顯的分流羅湖口岸的作用。這些數據反映了兩個城市之間的人員交流量隨着過境通道的改善而大幅增加，同時，也顯示了深圳西部通往深圳寶安機場、從中部經過羅湖車站前往廣州以及高鐵通道比東部跨境流量更大。

表 8–1　2001–2021 年分海陸空三種途徑進出境香港的總人次

年份	進出境香港 總人數	其中：空運途徑 總人數	空運途徑 年度增長率	海運途徑 總人數	海運途徑 年度增長率	陸路途徑 總人數	陸路途徑 年度增長率
2001	149,675,626	23,020,644		20,017,548		106,637,434	
2002	162,161,160	23,562,962	2.30%	20,962,633	4.51%	117,635,565	9.35%
2003	152,999,772	18,847,523	-25.02%	18,644,134	-12.44%	115,508,115	-1.84%
2004	181,468,568	24,213,370	22.16%	21,406,517	12.90%	135,848,681	14.97%
2005	191,336,028	25,964,817	6.75%	21,528,379	0.57%	143,842,832	5.56%
2006	202,114,052	28,065,761	7.49%	23,292,968	7.58%	150,755,323	4.59%
2007	233,204,169	30,135,213	6.87%	26,472,156	12.01%	176,596,800	14.63%
2008	222,876,239	30,159,581	0.08%	26,633,000	0.60%	166,083,658	-6.33%
2009	223,011,389	29,238,533	-3.15%	23,826,423	-11.78%	169,946,433	2.27%
2010	240,966,526	33,271,501	12.12%	25,861,721	7.87%	181,833,304	6.54%
2011	253,403,938	35,494,179	6.26%	27,291,600	5.24%	190,618,159	4.61%
2012	267,726,055	37,771,833	6.03%	27,379,087	0.32%	202,575,135	5.90%

年份	進出境香港 總人數	其中：空運途徑		海運途徑		陸路途徑	
		總人數	年度增長率	總人數	年度增長率	總人數	年度增長率
2013	270,048,328	40,950,306	7.76%	20,422,468	-34.06%	208,675,554	2.92%
2014	290,557,274	43,231,410	5.28%	28,359,645	27.99%	218,966,219	4.70%
2015	296,621,612	46,319,485	6.67%	27,659,206	-2.53%	222,642,921	1.65%
2016	296,696,553	48,640,973	4.77%	26,732,286	-3.47%	221,323,294	-0.60%
2017	299,431,513	50,931,408	4.50%	26,825,232	0.35%	221,674,873	0.16%
2018	314,686,370	53,377,591	4.58%	25,653,997	-4.57%	235,654,782	5.93%
2019	301,264,106	48,997,829	-8.94%	16,095,799	-59.38%	236,170,478	0.22%
2020	24,207,075	5,709,065	-758.25%	1,030,238	-1462.34%	17,467,772	-1252.04%
2021	1,951,875	677,108	-743.15%	280,574	-267.19%	994,193	-1656.98%

資料來源：香港特區政府運輸署網站

圖 8-1　2001 年按出入境管制站劃分的抵港及離港人次分佈圖

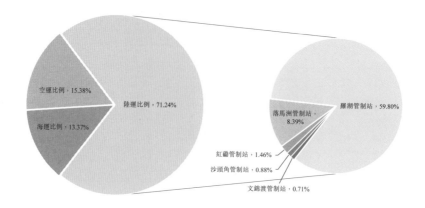

圖 8-2　2018 年按出入境管制站劃分的抵港及離港人次分佈圖

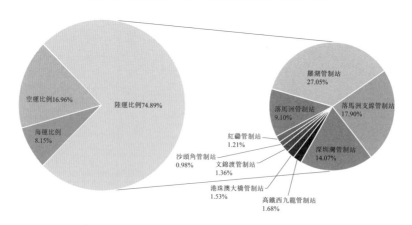

　　根據香港統計處的數據，2017 年陸路跨境人士中 68% 來自深圳。值得注意的是跨境旅客的居住地。如表 8-2 所顯示，平均每日跨境往返的 66 萬旅客中，48% 或者 30 多萬人是居住於香港的人士，超過 10 萬是居住於內地的港人，而來自內地的旅客大約 20 萬人，所佔比重不到三分之一。也即是說，每日跨境的人當中 2/3 是香港人，1/3 是內地人及大約佔比為 2% 的其他人士。

表 8-2　香港跨界旅客按居住地分類的年度統計（2001–2017）

旅客類型	2001 統計調查		2003 統計調查		2006 統計調查		2007 統計調查		2009 統計調查	
	人次	百分比	人次	百分比	人次	百分比	人次	百分比	人次	百分比
居於香港人士	275,400	82.7	299,400	78.2	329,300	73.5	349,300	71.2	342,600	67.9
居於內地的香港居民	33,100	9.9	36,200	9.5	38,400	8.6	49,500	10.1	53,000	10.5
來自內地的旅客	17,600	5.3	39,200	10.2	65,200	14.6	76,800	15.6	94,400	18.7
居於其他地方人士	7,100	2.1	8,100	2.1	15,100	3.4	15,200	3.1	14,600	2.9
總計	333,200	100.0	382,800	100.0	448,100	100.0	490,900	100.0	504,600	100.0

旅客類型	2011 統計調查		2013/14 統計調查		2015 統計調查		2017 統計調查	
	人次	百分比	人次	百分比	人次	百分比	人次	百分比
居於香港人士	341,800	60.8	314,200	51.9	338,900	52.2	319,800	48.0
居於內地的香港居民	70,800	12.6	82,400	13.6	100,800	15.5	116,600	17.5
來自內地的旅客	136,600	24.3	195,800	32.4	196,200	30.2	216,600	32.5
居於其他地方人士	13,200	2.3	12,400	2.1	12,800	2.0	13,600	2.0
總計	562,400	100.0	604,900	100.0	648,800	100.0	666,700	100.0

資料來源：《2017 年跨界旅運統計調查》，香港特區政府統計處。

如大家所知，香港人去內地，只要有回鄉證就可以隨時過境，而且不限次數。相反，內地人士來港，所持證件有多種不同的簽注類別。（圖 8-3）顯示了 2001 年以來內地人士到港的平均每日人次和各種簽注的比重。其中最大比重的是所謂「自由行」人士，即「一般個人遊簽注」的獲得者。

圖 8-3　按照簽注類別分類的內地來訪香港平均每日旅客統計（2001–2017）

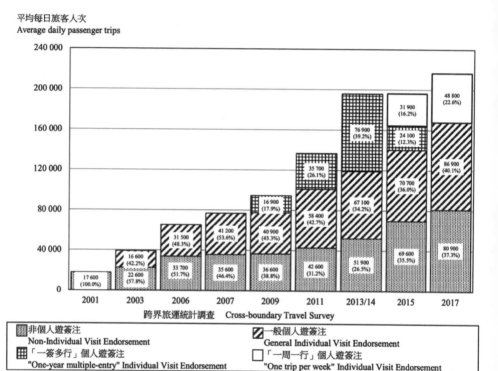

資料來源：香港統計月刊 2019 年 8 月，香港特別行政區，政府統計處。

個人遊計劃自 2003 年 7 月 28 日起首先在廣東省四個城市（東莞、中山、江門及佛山）推行。透過個人遊計劃，內地居民可以以個人身份

到港旅遊，而無需像以往需要以商務身份或參加旅行團到香港旅遊。計劃不斷擴展，現時已在內地 49 個城市實施，並由 2009 年 4 月開始於深圳實施 1 年內多次往來香港的旅遊簽注措施（即「一簽多行」個人遊簽注）。在這個計劃之下，簽注有效期為 3 個月或 1 年，有效次數為一次、兩次。特別值得注意的是，只有深圳戶籍居民可以有真正的多次往返簽注。自 2015 年 4 月 13 日起，深圳戶籍居民的「一簽多行」個人遊簽注調整為「一周一行」個人遊簽注。

圖 8-3 清楚顯示，當深圳戶籍居民的「一簽多行」政策被調整後，接受「一周一行」簽注的人比例小很多，而出公差的簽證明顯增加。這一方面說明深圳來港的需求並沒有減少，另一方面也說明，取消一簽多行政策沒有任何效果和積極意義。

不過，這些多種簽注「體系」本身反映了一個客觀事實，即在與香港的人員交往方面，深圳仍然受到特殊對待，深圳人仍然比內地其他地方的同胞更容易來到一個社會制度不同的地方，了解另一個世界的真實面貌。正如我後面的總結中會進一步談及，這種交流的重要性不僅僅是人員交流，更是排除網上各種誤導信息的重要環節。

從跨境人士出行的目的看，香港去深圳工作或出差的已經佔到了兩成或 62,500 人。相反，內地來港人士中公幹比例只有 8.7%。如果考慮到跨境人士中內地人士僅佔三分之一，香港去內地公幹和工作的人數大約是內地來香港公幹或工作的人數的 5 倍。這折射出一個很少人關注的事實：內地企業及其他機構包括政府，或者對香港的日常工作上需要的人員交流包括工作、會議等的需求很小，或者因為香港特區對內地來港人員對種種限制，導致了他們無法更多來香港公幹。我個人無從得知哪個是實情，也許兩個都是。但無論哪個是實情都說明，香港和深圳在人員跨境出行目的上是非常不對稱的。

表 8-3 2017年跨界旅運統計調查居於香港人士往來香港及內地的旅客行程的統計數字

		平均每日旅客人次		消閒		探望親友		公幹		上班		其他目的	
		人次	百分比	人次	百分比	人次	百分比	人次	百分比	人次	百分比	人次	百分比
按往內地行程目的劃分的旅客人次分佈	居於香港人士旅程	319800	100.00%	146200	45.70%	92200	28.80%	45900	14.40%	16600	5.20%	18900	5.90%
按往香港行程目的劃分的旅客人次分佈	個人遊「一周一行」簽注	48800	22.60%	-	80.70%	-	11.80%	-	4.80%	-	-	-	2.70%
	一般個人遊簽注	86900	40.10%	-	71.30%	-	15.30%	-	8.40%	-	-	-	5.00%
	非個人遊簽注	80900	37.30%	-	55.00%	-	14.60%	-	11.40%	-	-	-	19.00%
	所有來自內地的旅客	216600	100.00%	-	67.40%	-	14.30%	-	8.70%	-	-	-	9.70%

資料來源：《2017年跨界旅運統計調查》，香港特區政府統計處。

8.2 貨物流通 —— 陸路與空運平行發展

在港深貨物往來方面，情況很不同。香港是一個以轉口貿易為主的經濟體。轉口這個詞其實是再出口（Re-export），而不是航運中的轉運（Transshipment）。再出口佔了整體貿易額的 90% 以上，就是說，香港本地對外來產品的需求和自己的出口型生產，在貿易總額上佔到的比例很小。這些轉口的產品，大部分是從中國入境，然後對產品做所謂「非物理變動」的增值活動，例如分包、合包等物流服務，然後再經過香港的港口或者機場出口。經過皇崗－落馬洲等口岸運輸的裝箱，和、通過船舶從中國沿海包括深圳西部港區蛇口碼頭等地，再直接運到葵涌貨櫃碼頭再轉運出口的，並不是「再出口」，而是轉運。轉運集裝箱貨物並不計入香港的再出口。1990 年代，該類別集裝箱經過深港陸路口岸的運量曾經高達超過 400 萬貨箱一年，最擁擠的皇崗口岸 24 小時運作。然而，值得注意的是過去二十年來，隨着深圳和廣州南沙港的崛起，這個類別跨境進入香港的車次已經大大下降。

根據香港統計處 2021 年的專題文章[1]，在 2020 年，陸運是香港整體出口的主要運輸方式。香港陸運整體出口貨值由 2010 年的 11,602 億元顯著上升至 2020 年的 18,888 億元，平均每年增加 5.0%。在 2010 年至 2020 年期間，陸運佔香港整體出口貨值的比重由 38.3% 顯著上升至48.1%；空運所佔的比重亦由 32.0% 上升至 36.7%。與此同時，海運佔香港整體出口貨值的比重由 2010 年的 24.6% 大幅下跌至 2020 年的12.9%。

2020 年香港的進口貨品則主要是以空運方式運抵本地。香港空

1　香港統計月刊專題文章：《按運輸方式分析的香港對外商品貿易》，香港特區政府統計處，2021 年 3 月。

運進口貨值由 2010 年的 13,224 億元快速增長至 2020 年的 20,562 億元，平均每年的增長率達 4.5%。同期，空運佔香港進口貨值的比重由 39.3% 上升至 48.2%。與此同時，陸運的比重亦由 2010 年的 34.6% 上升至 2020 年的 37.8%。相對地，海運佔香港進口貨值的比重則由 2010 年的 22.0% 下降至 2020 年的 11.9%，特別有意思的是 2020 年空運和陸運佔香港整體進出口貨值的比重一樣，都是 42.7%，反映出，陸路跨境貨運進出口的總額的增長，與空運進出口增長高度相關，並一起完成了 85% 的貿易總額。

由於陸路貨運就是與深圳的跨境運輸，香港的貿易運輸統計充分反映出過去 20 年香港在大灣區特別是珠三角東部角色的重要轉變，即香港國際機場的角色對香港和對整個區域都比其港口更重要，與此相關的就是陸路跨界的貨物，除了供應本地和來自本地的，越來越大比重的是貨物單位重量或體積裏面價值比較高的類別，比如手機、充電裝置、無人機，電子和科技產品。香港也是台灣地區和韓國等地的電子元件進入大灣區製造中心的關鍵通道。從貨運角度，陸路跨境通道在很大程度上已經成為香港機場的區域運輸專用通道。不過，近年來因為新冠疫情的特殊管控以及東莞與香港機管局的合作，香港機場在東莞設立了貨倉，越來越多的東莞和深圳的電子產品和服裝等已經不再陸路經過深圳，而是直接從東莞進入香港機場。

香港與內地在貨品進出的管制上，主要是對特定產品的限制，比如一些歐美日生產的藥品和醫療設備等，需要符合各自境內法律規定。一些比較著名的企業，大聲疾呼在大灣區放寬這類的規定，起到一定作用，比如珠三角落戶的港資醫療企業可以進口相應的專業醫療器械。然而，一般人會碰到一些啼笑皆非情況，例如，翻修二手辦公椅的個體戶會發現，某一天開始，黑色的布料不可以進口了；學校的教師會發現不可以從淘寶買上課用的激光筆；養貓的會注意到內地網站是不

可以把逗貓用的激光玩具運過來的。這種本應是短時期的臨時措施，因為只有人速速制定，而沒有人負責取消，變成了長期存在。

8.3 金融流通 —— 必需的屏障

與物流比，金融流的管制嚴格得多，也敏感得多，雙方的差異也更大，這是因為作為經濟特區的深圳這方面並沒有「特」的權利 —— 整個內地是一個「池子」，香港則是與國際通的另外一個池子。資本金池子如何接通和放開多少，是頂級國家大事，香港和深圳自己都做不了主。而作為國際金融中心的香港，其對國家最大的貢獻就是其所提供的融資渠道，例如通過股票市場的集資。表 8-4 的數據反映了過去 40 年深圳企業到香港股票市場上市集資的大概情況，高峰時期是 2005 年到 2014 年，56 個企業共集資 2,863 億港元，平均每個企業 50 億港元左右。近幾年上市企業增加，但平均集資量下降明顯，原因很多，包括有更多的大型企業選擇在 A 股和美股同時上市，同時深圳有越來越多相對規模較小的科技企業可以選擇在香港上市。從某種意義上，這也反映了深圳經濟正在進入另外一個發展階段。

表 8-4　不同 1980 年以來不同時段在香港上市的深圳企業數目與集資額

時期	發行股本總額（港元）	企業數目
1980−1989	3,423,359,841	1
1990−1994	9,995,002,718	3
1995−1999	22,310,220,726	4
2000−2004	71,633,845,251	13
2005−2009	102,187,330,530	22

時期	發行股本總額（港元）	企業數目
2010–2014	183,841,985,038	34
2015–2020	81,550,315,141	46

資料來源：根據相關上市公司資料整理

　　在香港集資有多個原因：貸款利息低、港幣是與美元掛鈎的貨幣、香港資金國際流通自由等。但說到底，還是因為不是人民幣。因此，香港金融體系與深圳以至於整個內地最大的分別就在於因為人民幣沒有國際化和自由流通。在香港，內地人較多出現的幾個地點包括灣仔、旺角和上環，都有大量人民幣兌換店舖，它們不僅做小額港幣現鈔生意，背後還有大量灰色渠道的跨境電匯。同時，過去 20 年，香港逐漸積累了大量的人民幣存款，最重要的原因是存款者對沖貨幣風險的需求，畢竟港幣／人民幣兌換率曾經從 1 兌 1.1 以上跌到過 1 兌 0.8 以下。

　　香港開展人民幣業務，是幫助國家實現人民幣走出去的重要步驟，不僅責無旁貸，更是其獨一無二的優勢，這一點從體制角度是很清晰的：這件事深圳做不了，上海做不了，新加坡也做不了，因為它需要國家的決心和選擇、國際社會的認同和成熟的與國際接軌的金融市場機制。不過，如何推進人民幣國際化不是這裏討論的重點（我把它留在最後的結論章節），本章要討論的是貨幣跨境流通，因為它事關港深兩地的融合。

　　這方面最大的進展是在電子支付方面。香港地鐵是世界上最早使用「八達通」這種電子現金支付車票的；而深圳則是世界最早使用手機支付地鐵車資的城市之一。跨境使用這些支付手段，無疑是普惠民眾，感受融合的最佳方式。然而，台北是比香港更早大量使用支付寶和微信支付的跨境城市，雖然近幾年支付寶在香港市場突飛猛進，連政府

消費券和地鐵都可以使用。這無疑是制度演化的一個小表現。究竟是政治因素、政府因素還是市場壟斷因素（雖然香港有多個本地電子支付系統並存）導致支付寶進入香港比台北晚，我不得而知，但注意到，包括在中國內地，支付寶和微信支付是兩大超班的系統，內地銀行聯合起來抗衡的是「銀聯」系統。銀聯在香港的使用遠遠早過支付寶等電子移動支付，但它基本上相當於內地銀行戶口的現金卡。香港居民到內地，很多商舖都不支持境外銀行信用卡，更不用說現金卡。但支付寶已經通過「支付寶（香港）」和「支付寶（大陸）」的內部對接，完成了兩者之間的互通支付，從而實現了港幣支付內地購物包括網上購物。相信新冠疫情過後，兩地居民跨境消費時都會發現電子支付帶來的巨大便利。人民幣「窗口」已經打開，並成為兩地嵌入式發展的機制，雖然打開人民幣國際流通的大門不是深圳和香港這個層面可以決定的事。

8.4　信息流通 ── 一時難以放開的限制

信息流通是四個流通中最敏感也是最現實、與上述人流、金融流和物流最不可分割的。如果我們撤除對涉及金融流而不能直接銜接的信息系統（比如公司內部轉賬）的限制，信息流通最大的障礙在於邊界兩側對信息管制的巨大差別：一邊對不觸犯香港基本法和國安法的任何信息，無論本地產生還是境外產生，基本上都沒有管制，可以說比歐美很多國家都更自由；另一邊則根據法律，對各種類別的信息都有強大的篩選機制，而且可能存在因為寧左勿右而「層層加碼」的情況。

不同的社會羣體對跨境信息便利性的要求雖然不同，但有幾個共同的基本需求。第一是同事、朋友與親人的通信。本世紀進入了以WhatsApp、微信以及其他網絡平台為主的通訊時代。由於內地對使用海外最流行的平台有限制，導致不少不用微信的港人和外籍人士在內

地時與境外交流出現問題；相反，在香港使用微信和 QQ 不是問題。第二個基本需求是信息搜索。類似地，能不能直接在手機或電腦上使用 Google 而不是通過 VPN 翻牆方式，成為兩地的差異。第三種需求是公司內網的跨境聯絡。迄今為止，上述三類情況，第三類解決得比較好，例如香港的大學教學人員可以通過學校提供的 VPN 設置，在內地與香港連線，或者學生通過特定平台型軟件在內地上香港提供的網課。而第一類需求的解決辦法是允許港人註冊並使用微信和允許內地居民使用 WhatsApp。雖然眾所周知，微信平台與 WhatsApp 平台或者 LINE 的信息管制是不同的，但至少可以完成基本溝通的需要。因此，問題相對比較大的是信息搜索引擎的使用。雖然有人說，使用香港註冊的某某電信公司的手機號可以用 Google 搜索信息，法律上也並沒有規定不可以在內地用 Google 搜索，但這始終是一個灰色地帶，並且也沒有理由所有去內地的香港居民都必然和必須使用該公司的網絡和手機卡。

8.5 結語：尋找可以增加跨境流通的漸變方式

上面討論的四個社會經濟發展要素的跨境流通的過程，總體上流量的增加與兩個城市人口和經濟規模的增加成正比。表面上，四種要素跨境流動的共同特徵是不對稱。它是這兩個比較環境之間的「級差」的真實體現。

人員交流的不對稱最明顯，體現在香港特區政府對內地人來港的各種選項和規定。目前香港與內地（主要是深圳）的跨境人員流動政策差異極大：進入內地易，進入香港難。作為「一國兩制」的獨有優勢之一，香港可以有自己的一套對移民和出入境的政策和管理方式。香港人民入境事務處在設計和執行特區移民政策時，有三個基本原則：

- 防止不受歡迎人物入境，以保持香港的繁榮和穩定；
- 為輸入優秀人才及專業人士提供方便的安排，以提升香港的競爭力，並同時保障本地勞動人口免受不公平的競爭；以及
- 令遊客和商人來港更加方便，使香港成為一個具吸引力的旅遊和商業中心。[2]

　　根據上面三條原則制定了多項類別不同、有針對性的移民政策，例如放開對全世界人才來港的「優才計劃」，包括「優秀人才入境計劃」和「輸入內地人才計劃」。我這裏用「放開」二字，因為該項政策並不包含任何含有特殊補貼因素，只是給予有特定才能和背景的專業人士的申請獲得審批的優先權。同時，考慮社會穩定，從 2015 年開始，每日有 150 個專門給到香港與有香港永久性居民身份的直系親屬團聚的「單程證」配額。雖然增加進入香港的移民數量可能會增加跨境流通人員的數量（考慮到上述兩類移民都以內地背景的人士最多），但每年或者每天跨境往返內地與深圳的人士主要不是他們，而是本章前面分析的「南來」的大陸訪客和北往的香港居民。

　　內地到港的訪客政策分三級，深圳已經是受到特殊「優待」的城市：廣東省全省加上全國其他地方的 28 個城市有「自由行」的安排，而深圳居民可以「每週一行」到香港。在這個安排中，來港的深圳居民是訪客身份，旅遊之外，可以來看病、開會等，但不可以受薪工作。而這恰恰是今後最需要調整的地方。高齡化的香港，一方面希望控制總人口，不至於進一步提高這個彈丸之地的人口密度；另一方面，不僅僅是高科技、金融、醫療、高等教育等行業和領域需要「人才」，物流、建築、養老服務、酒店服務等方面也需要更多的人手。加上香港希望

2　《入境事務處年報 2021》第二章

發展緊貼深圳的「北部都會區」，增加跨境通勤工作的人手應該是一個理想的安排。這方面的政策設計需要有創意同時嚴謹，即方便兩地人員跨境工作，又避免這種安排被濫用。

信息交流方面，雖然也有信息流入與流出限制不同的不對稱，但主要特徵是內容限制。兩地政治環境的差異決定了信息自由度和可交流內容的差異。1980 年經濟特區選擇在深圳建立的初心之一，就是希望內地可以更快地從外部得到世界發展的信息。記得我 1985 年來港大讀碩士的時候，系主任 Grant 教授就對我說，香港最大的優點之一，就是隨時可以看到全世界發生了甚麼事，因為香港人要發展，對世界信息有高度的需求。當時內地對外部世界的了解比現在差很遠，所以香港這個信息源很重要。本書第四章講到深圳電子產業起步，也是與有內地企業急需相關的技術和設備有關。而今天，很多技術信息的封鎖已經成為過去，除了刻意為敵的封鎖。香港商家希望繼續堅持「只顧賺錢，不談政治」的思維方式。在這種思維下，尋找可能的技術途徑，讓該流動的非政治類信息可以跨境流動。但港大經濟系教授陳志武 2022 年 10 月在一個研討會上公開批評這種思維已經過時，因為二戰後世界「以原則為基礎」的國際關係已經不再，世界正在重回過去以炮艦為基礎的國際關係。

其實，不論是否重回 1950 年代的地緣政治模式，都不應該成為香港與內地跨境信息無法對稱流動的理由。當然，擴大信息流通自由度，理論上可以把政治撇在一邊，事實往往不是如此，原因是複雜的，包括越來越發達的官傳媒和民間傳媒。例如：2019 年香港發生的政治事件以及後來新冠疫情大大打擊了兩地間的人員往來，其後兩地人民了解對方真實情況的能力完全沒有辦法與網上鋪天蓋地的各種「立場新聞」匹敵。內地和香港之間的很多誤解，都是來自這種先立場後新聞的信息，這些都是無法迴避的現實。不過，由於這恰恰發生在新冠疫情

大爆發導致邊界人員無法正常流通的情況下，倒讓我注意到一個簡單而重要的事實：信息交流中一個關鍵環節是人員交流，而面對面的人員交流，可以有效避免一些不應該發生的信息錯誤。當年袁庚先生為甚麼能在中國改革開放中率先突破很多計劃經濟下的制度桎梏，就是因為他多次到香港實地考察。因此，無論官場還是民間，直接面對面交流，就是最好的 VPN，可以跨越很多障礙。從這個角度，內地人來香港訪問，包括旅遊、會議和考察，都是多多益善，因為它叠加了信息的互聯互通。

物資交流的不對稱相對比較小，主要原因來自兩地（即香港 vs 中國內地，而不單單是深圳）對某些物品進口的管理和限制，而這方面香港幾乎是世界貨品進出最自由的地方：除了禁止軍火和毒品出入和對香煙和某些藥品有嚴格的管制外，幾乎所有產品都自由進出。

金融方面的不對稱，來自對資金的管制。與人員和信息交流不同，金融互聯互通是有明確的範圍的，因為港幣與世界流通量最大的貨幣美元單一掛勾，其資金池直接與國際市場銜接。而內地在可以預見的未來也不會這麼做。所謂香港不可替代的作用，就在於此。深圳大量企業在香港上市的基本意圖，就是用較低的成本獲取世界資金池的資源，特別是當這些企業需要外幣流通的情況下，香港和美國金融市場是他們的首選，即使與內地市場比較，其得到的估價認同可能有一定差距。出於類似的理由，香港企業內地上市，絕大多數都是以內地市場為本的企業，主資金池在內地。

從演化制度理論和比較環境的觀點看，港深在金融市場基於制度差異形成了功能差異。改變或者動搖這種差異，不僅不是兩個城市自己可以決定的，更與國家宏觀政策和國際市場息息相關，這方面一旦發生改變，就是屬於「突變」，影響大，風險也大。這方面的變動背後的實質，是中國資金池的開放，這是 0 和 1 的分別，並不存在中間地

帶。然而，如果換一個角度，即香港作為國際金融中心如何助力人民幣成為國際貨幣，就可能將「突變」改變成為「應變擴展」，因為它涉及的變動不是牽一髮而動全身的內地資金池開放，而是人民幣成為國際貨幣的漸變過程。

這背後有一些有意思的觀察。前港大經濟學教授肖耿最近指出，香港的大樓、地鐵、與企業資產之所以是海外離岸資產（即外匯儲備），並具有可以兌換世界主要貨幣的流動性，是因為它們是以港幣交易與定價。於此相反，不管離岸還是在岸，只要是人民幣，其底層資產就是中國在岸資產[3]。如果認同這個基本道理，可以就此延伸：如果港股同時以港幣和人民幣雙幣平行的方式在香港交易，而境外人民幣與內地資金池仍然保持不流通，可以吸引境外人民幣投資港股，因為它提供了一個人民幣資產增值的渠道。對於海外需要平衡美國、歐盟、中國這三大經濟體資產以降低風險的投資者，這無疑比直接投資 A 股的流通性更強。而香港金融中心的這種「演變擴展」，顯然對香港和對國家都是有利的：因為它本質上是為交易中國在岸資產提供了一個新渠道，讓中國進一步融入世界經濟體系。對於香港，如果港股流通量因此增加，就是向期望的方向演進的證明。

最後我們做一個總結。從制度演化的角度會發現，這四種最重要的跨境流當中，資金和信息流通的限制是最嚴格和最少有「漸變」條件的。人員和物資流通的變化可大可小，有逐步放開的條件，如果認為放寬限制可以為香港、深圳以至整個大灣區和中國帶來好處的話。其中，物資流通的限制已經相當寬鬆。進一步的改善，一方面在於細節的管理，比如因為 2019 年政治事件導致對黑色布料和激光器材進口的

3　肖耿：「雙總部銜接雙循環，共建大香港／大灣區國際金融中心羣」，第十屆國際金融 30 人論壇發言。2022 年 10 月 28 日，香港。

限制，需要及時解除。另一方面，需要仔細比對兩地對各種物資、器材、設備等的進出口標準並做一次全面的審核，至少在大灣區層面找到雙方的共識，允許按照對方的標準進口和使用相關設備。

人員流通最值得關注，而且可以且應該繼續向更寬鬆的方向漸變。這裏提出兩個當務之急的建議。第一，進入超高齡化的香港需要年輕人才，不論是從內地還是海外引進。要徹底打破各種理由下的壟斷，讓更多優秀的人才到香港看看，並留在這裏，成為新香港人。第二，通過特別的政策設計，讓更多的技術人才可以在港深兩地跨境工作。例如，對在深圳前海和香港北部都會區兩地注冊的企業，允許他們按照在港深聘請僱員的比例，提供跨境通行工作証，而兩地政府實行對等平分稅收的政策，從而鼓勵企業充分利用兩地不同的優勢，達到互相嵌入型市場化的雙贏局面。

第九章

比較環境和路徑依賴
是理解港深演化共進的鑰匙

本章希望對港深兩個城市與其外部環境的關係做一個分析和總結。所謂外部環境，特指自從深圳市出現以來，香港和深圳在中國的角色以及國家給予的特殊政策。

本人在這本書第二章以演化制度地理角度提出了一個新概念：**比較環境**（Comparative Environment）。深圳之所以是深圳，其特別之處，就在當年建立特區的時候，中央政府給予的特殊政策環境。然而，這個環境的特殊性是相對的，即是一種「比較環境」：與內地甚至廣東省的其他城市相比，它有三個特殊的「身份」：國家級經濟特區、沿海單列市、與當時已經進入發達經濟的香港有開放的陸路連接口岸。這個比較環境，就是 1980 年代起，大量資金、人才、勞工和企業湧入深圳的根本原因。同時，香港也有自己的「比較環境」——普通法基礎上建立的自由港，而且一直就在南中國，長期與中國內地保持緊密關係。這種與中國內地包括今天的香港不同的環境，是自 1840 年成為城市以來，香港實現海外與中國資金聚集、人員聚集，逐漸從「門戶經濟」走向金融、物流、貿易樞紐的基礎。兩個城市所成就的人才和企業，兩個城市成為世界級都市的成功，都是在「比較環境」建立之後出現的。**這就是路徑依賴、地點依賴和制度依賴的邏輯。**

「依賴」（Dependency）這個詞在這裏，以我個人的理解，其實是指無論未來朝向哪個方向發展和演變，都與過去的「路徑」、「地點」和「制度」脫不了關係。「路徑依賴」來自演化經濟學者對於經濟過程的認知，他們從根本上否定了分析經濟活動可以完全從現實世界抽離，而在一堆假設條件下進行，而應在一開始就將分析對象限定在一個已經走過的路徑上。這不僅可以大大提高分析效率，更重要的是不會因為錯誤的假設導致對未來發展的判斷。演化經濟地理學者以相似的理由，認定不應該假設全球具有相同的發展條件，因為很多地理環境因素在很長的歷史時期內也不會因為人類的技術進步而出現方向性的改變。例

如內陸地區的國家和城市無法獲得沿海地區和港口城市在國際長途運輸上的成本優勢，從而更便於在全球化的世界貿易體系中獲益。同時，如果同樣是港口城市，又在同一個地區，如果其他條件相似，就可能帶來競爭，香港、深圳、廣州就是這種情況。中文「因地制宜」這個詞就是最質樸的對地點依賴的高度概括。

在「比較環境」的框架下，制度本身既是基礎，同時也構成了「依賴」的一個內容或者方面，因為無論香港還是深圳，其與決定它們與其他地區不同的「比較環境」中的制度，都是更高層或者上位權力機構確立的，而且都沒有自己徹底改變其基本性質的權力和可能。例如，在香港實行一國兩制50年不變（即從1997年到2046年），2046年以後將會繼續目前的制度還是有重大改變，並不是由香港人自己決定，而是由中央政府決定。類似地，深圳經濟特區的性質和範圍以及執行年限，也是由國務院決定。不過，正如本書前幾章已經討論過的，港深很多具體的制度和相應或者相關的政策，都在不斷調整。例如，政治上，有2021年國安法在香港的實施；行政上，有深圳特區「二道關」邊界的取消。

香港和深圳在制度基礎的五個方面，即（1）要素流通管理、（2）註冊經營環境、（3）法律制度、（4）政治制度和（5）城市管治，都有明顯的差異，前面幾個章節已經展開了一定的討論，讓我們在這裏做一個總結（見表9-1）。

表 9-1　香港和深圳在制度基礎方面的基本特徵與 40 年間的演變

制度基礎	方面	香港	深圳
要素流通管理	人員	對內地入境者根據特定政策逐步放寬，影響最大的包括 2003 年開始實施的港澳個人遊（又稱自由行）政策和 2015 年開始允許深圳居民訪港的「一簽多行」政策。但近幾年出現反覆。對於其他地區和國家人員入境和居留有差別性對待。香港居民連續住滿 7 年後可以成為永久性居民。有中國國籍的香港永久居民可以申請「回鄉證」，無次數限制地往返香港與內地。	1980 年深圳特區的範圍為 327.5 平方公里。1982 年曾經設立了特區管理線，將今天的龍華、寶安等地區用鐵絲網分割，一般稱為「關外」地區。非深圳原居民人員進入深圳特區需要申請和獲得公安部門審批。2003 年相關規定放寬，進入深圳不再需要過設有邊防管制的關口。2010 年 7 月 1 日，寶安、龍華正式納入深圳特區，當地居民獲得與原特區居民同等待遇。2015 年起，深圳居民獲得與內地其他地區不同的訪港「一簽多行」政策優惠，後來該政策有所調整，目前為「一周一行」。
	資金	港幣為獨立的貨幣，長期選擇與美元掛勾。資金可以自由進出香港，屬於世界上資金跨境流通最自由的地區之一，也是香港作為國際金融中心的基石之一。	基本上與內地其他城市無異，直到 2022 年 9 月，深圳市前海深港現代服務業合作區管理局和香港特別行政區政府財經事務及庫務局公佈了《關於支持前海深港風投創投聯動發展的十八條措施》，促進跨境雙向投融資便利化。包括允許香港創投機構等境外主體在前海開立自由貿易賬戶（FT 賬戶），在「一線放開、二線管住」的原則下，允許境外資金自由進出 FT 賬戶。支持前海的科創企業通過 FT 賬戶自主選擇離、在岸匯率辦理資金結售匯。
	信息	直到 2021 年實施《國安法》之前，信息方面的管制極為寬鬆。《國安法》實施後，媒體的監管和自我監管趨嚴，但自由度仍然很高。	與內地其他城市和地區基本相同，直到 2023 年 1 月，國家發改委、商務部發佈《關於深圳建設中國特色社會主義先行示範區放寬市場准入若干特別措施的意見》（見下面「經營環境」條），相對寬鬆的跨境信息要素流通政策開始「先行先試」。

制度基礎	方面	香港	深圳
	貨物	作為自由貿易港，香港屬於世界上貨物監管最寬鬆的地區之一，對絕大部分貨品免除關稅。除了按照國際準則實施安全檢查和檢疫外，對海運和陸運的貨物抽查率極低，海關採取根據「線報」重點查驗的方式。	深圳特區內設有多個保稅園區。2015年，深圳前海和蛇口成為廣東省自由貿易試驗區的一部分，面積位28.2平方公里，含深圳前海灣保稅港區3.71平方公里。跨境進入深圳的貨物，在保稅區內獲得「境內關外」待遇，即在海關監視下，直至離開保稅區進入內地之前，貨物不需要繳稅。隨着車輛電子鎖等技術的應用，保稅區不一定要設置在邊境附近。
經營環境		(1) 獨立貨幣制度，港幣一直與美元掛勾，成為一種「準美元」； (2) 公司註冊簡單，不限制外國公司股權； (3) 實行簡單的稅收制度和低稅率； (4) 政府效率高； (5) 土地及房地產租金高，導致生活指數高； (6) 中英文同為法定語言，因此國際化程度高。	與內地其他城市有比較大的差別，來源於其1980年的「經濟特區」初始設定，包括人事（僱用）制度，對外資投資的招商條件（例如早期的「三來一補」等促進出口加工業落地的政策）。隨着中國內地的改革開放在全國範圍不斷推進，深圳與內地其他一些城市的投資和經營環境越來越相似。但深圳是全國當中最年輕的（人口平均年齡33歲），人口教育素質也改善迅速。（見註）1。2023年1月26日，國家發改委、商務部發佈《關於深圳建設中國特色社會主義先行示範區放寬市場准入若干特別措施的意見》，在包括金融、醫療、教育、信息等方面的市場准入方面明確提出了一系列寬鬆政策。

1　深圳市15歲及以上人口平均受教育年限由2010年的10.91年增加至2020年的11.86年，受教育年限在廣東省排第一。2010年–2020年深圳常住人口增長了714萬人，其中擁有大學（指大專及以上）文化程度的人口便增長了328.7萬人，接近常住人口增長數的一半，學歷型人才引入效果顯著。見黃瓊（2021）：《深圳十年大學文化增329萬人，專家稱留才要「軟硬兼施」》第一財經2021-05-15

制度基礎	方面	香港	深圳
法律制度		以「普通法」為法律基礎，保留了 1997 年以前的法律體系，包括最高法院的權力和審判制度。這是香港一直可以作為國際金融中心和貿易樞紐的基石。	與內地其他城市一樣，在「大陸法」體系框架下實施中國內地各種法律法規
政治制度		「一國兩制」下的資本主義社會制度。其中不同於 1997 回歸以前和不同於深圳的，在於： (1) 特首的任命和選舉； (2) 立法會的權力與選舉任命制度； (3) 區議會選舉制度。	顧名思義，「經濟特區」僅在「經濟」範疇內有與其他地區不同的特別制度和政策。政治制度方面與內地其他城市沒有差別。
城市管理		(1) 特區政府掌握整個城市發展的財政權，區政府沒有財政權； (2) 很多城市功能通過投標等手段，以管制下市場競爭方式，交給企業（含公營和民營）運營，同時維持個別關鍵部門由政府主導經營，如機場，地鐵，大學，醫院； (3) 痛點在現有法律對新界地區的私人土地開發和「丁權」的管治。	(1) 原特區（327 平方公里）與龍華、寶安兩個前「關外」地區發展和管治差異大； (2) 城市化速度極快，人口增長快，成為世界人口密度最高的城市之一； (3) 城市規劃、很多基礎設施建設和公共服務跟不上城市發展的速度，其中，如何改造「城中村」是深圳城市管理的難點； (4) 區政府也有財政權，發展基金和下屬企業。

在要素流通方面，本書上一章集中比較了兩地跨境流通的情況。其實還有另外一個方面，就是各自對外（包括對中國其他省份和廣東省其他城市）流通的管制或者自由度。深圳最初 20 年的管理，不僅有「特區關內外」的差別，也有內地其他城市到深圳工作的相對嚴格的戶口限

制。而香港在人員進出方面的管制，主要集中在就業機會方面，相對比較隱形，是以專業資歷認證方式實現的，這種情況在發達國家和地區也很普遍。在信息、資金、貨物的流通方面，作為自由港的香港，由於這三類要素流通幾乎是沒有限制的，因此，非常市場化。由於長期執行這種自由港政策曾經獲得經濟的成功，因此市民和社會也很認同，雖然明白這樣做的後果包括大幅度的金融市場波動。

雖然與香港相比，深圳在信息、資金的流動方面自由度低很多，但在從中國內地其他地方引進人才方面的卻沒有問題。深圳是內地最早在事實上放寬沒有本地戶口人員就業的城市。經典的一句「來了就是深圳人」，不僅體現了深圳社會層面對新移民身份的認同（更多的討論請參見本書第四章），也同時說明了早在 1980-90 年代，深圳這方面相對內地更寬鬆的「比較環境」，是其可以不斷吸納對未來充滿衝勁的年輕人來這裏闖盪。今天，中國各個城市都在用各種手段搶人才，反證了當年深圳「比較環境」造成的「制度落差」帶來先機。

內地人員中有衝勁的年輕人湧向深圳，還是因為它在經營環境上比內地其他地方更市場化。所謂市場化，對於長年在計劃經濟體制下運作的國家而言，最大的變化在於：1) 根據市場情況，迅速調整生產，推出有市場競爭力的產品；2) 允許企業自己尋找資金來源、合作夥伴、銷售渠道、僱員並在一定範圍內決定他們的薪金水平。這兩條在市場經濟制度下長大的香港人看來應該理所當然的基本機制，在改革開放以前的內地是不存在的。

雖然香港早就有這種環境，但由於高昂的土地與房屋租金、數倍於深圳的薪金水平，製造業北移深圳等地成為必然。但香港繼續保持着資金、信息和貨物自由流動的優勢，逐漸興起了既與深圳密切相關又是深圳不可能扮演等一些角色，包括國際金融中心、區域物流樞紐、以及交換中外信息的中心（包括過去幾十年在大學內為研究中國提供服

務的資料中心，也包括一些對中國不利的情報機構），當然還有「超級聯繫人」的角色，通過貿易、金融、信息和人員的交流，將中國與世界連接起來。

在要素交流和經營環境的底下，是確立社會根基的法律制度和直接影響意識形態和權力結構的政治制度。隨着中國經濟體制越來越市場化，「一國兩制」下的香港卻始終不同，其原因就是「兩制」的核心差別並不在於是否是市場經濟，而是在法律體系和政治制度。因此，雖然已經經歷了四十年的演變，深圳已經成為內地最市場化的城市，但它與以硬邊界隔離的香港繼續保持着在法律體系和政治制度上的不相容狀態。這也是深圳前海深港現代服務業合作區面臨的主要挑戰的根源：在那裏，是按照香港還是按照內地的法律管理和處理企業和個人涉及法律問題的行為？在香港九龍高鐵站設立海關「一地兩檢」時也遇到類似的問題：一旦進入中國海關後，可以不可以在香港境內按照內地法律執法？還是直到火車進入深圳才按中國內地法律執法？過去幾十年的實踐證明，這些「技術層面」的問題是可以在某個特定範圍內由雙方協商，找到解決辦法的。然而，在香港實行普通法、內地實行大陸法這個根本層面上，任何改變都可能會動搖「一國兩制」，造成質變，或者制度演化理論中的「突變」。雖然這種突變會提高兩地的相容性，但卻會毀滅香港的獨特性。這並不符合鄧小平當年設計這個制度的初衷。

政治制度層面，「一國兩制」中的香港這一「制」是由「國」立下的「基本法」決定的；而內地的那一「制」，是由執政黨制定的憲法決定的。認清了這個邏輯關係，就不難明白在香港，這個設定決定了管治權力的來源，而它最終決定了沿襲原有的管治架構還是作出某種程度的調整。而深圳則隨着內地政治制度的改革而變動，變動的方向和國家政治改革一致。但 1978 年以來的經濟改革與政治改革步調並不一致，方

向也可能不同。如果同時考慮「兩制」在政治體制上的變動，應該不難理解，當制度變動方向不一致的時候，當初制定「一國兩制」時候認定的某種共處的平衡方式就會被打破。政治制度是直接與主流意識形態掛勾的。一方面，反映在兩個都具有特定「比較環境」的城市時，香港與內地宏觀環境在政治方面的差異不只是大，而且是本質上的，因此，社會和民眾對內地政治發展的走向比深圳敏感得多。

另一方面，香港社會的主流意識形態領袖似乎在 2018 年政治風暴來臨之前，對於多數港人淡薄的國家感，或者沒有意識到其與推行一國兩制的關係，或者利用了這種淡薄，讓原本以為不會掀起甚麼風浪的「港獨」思潮漸漸滲入年輕一代。在這個意義上，《國安法》出台意味着畫出了一條界線（雖然有人認為這條界線不夠清晰，更有人不認同此法可以在香港實施），提醒港人，「一國」的國一直在，而且一直在「兩制」的前面。

從演化制度理論角度，《國安法》的實施，的確讓「一國兩制」進入了 2.0 時代，是一個重要的「適應擴展」，即在原有的制度上，在意識形態的管治上作出了改變。例如，為了加強國民意識的教育，在中小學做出了升國旗儀式等新舉措。其效果是清晰的：要求香港人明白，香港不僅是抽象的中國的一部分，而且是中華人民共和國的一部分。過去一年多決定移民離開香港的人，往往是認為自己無法與這個實體國家對香港的規定相容而離去。我對此不無遺憾，因為言論自由和爭取民主，與港獨思想與行動並不是一回事。而在當下形勢中，這一點的確很難讓人看清和相信。

港深兩地在城市管理方面的差異也很大，但似乎有很清晰的路徑顯示，深圳一直在逐步了解並引進香港的一些做法。同時，香港提出北部都會區發展戰略，改變了自己 180 年來一直以維港兩岸為核心區的思維方式，在空間上開始認真考慮與深圳協同發展的機會。這方面

有幾點值得在這裏討論。

第一，是關於兩個城市邊界附近的進一步開發。從開發成本角度，北部都會區應該是香港撤除山地等不宜開發的空間後最大片也是成本最低的地區，而未來的土地價格也不太可能貼近昂貴的維港兩岸市中心；相反的是，深圳前海是該城市尚未完全建成的、將是未來地價最貴的地段。從空間演化過程看，這是這兩個具有特殊比較環境的城市的又一個特別的地方：香港因為過去一直避免開發靠近內地的空間才遺留了這樣一片土地，而深圳是因為快速城市化過程，市中心不斷西移的同時又大面積填海，形成了一個類似西九龍（填海）地區在香港的高價值空間。深圳發展重心東西向的移動，從羅湖到福田再到南山和原特區外的前海，始終是在鄰近香港一側。因此，對於深圳，無論從政府規劃的角度還是市場自身的選擇，製造業在北（原特區外），服務業在南（原特區內）的空間格局不會改變。網絡化和智能化帶來的新興產業在一定程度上模糊了製造業和服務業的界線，但高增值行業和相關人才聚集於南側是確定的。

相反，發展北部都會區意味着香港徹底改變了原來的空間發展策略。正如本書第 10 章的討論，新策略面臨的挑戰在於：1）甚麼類型的企業會來這裏落腳；2）如何利用好深圳南側的人才和技術；因為這裏與維港市中心區一定會是不同指向的發展路徑和內涵。

第二，是關於政府角色的調整。我們前面分別用一章的長度討論了深圳和香港的發展過程與其政府的角色。當我們把二者放在一起比較，會發現它們各自都在不斷地調整着政府的角色，但方向不同。

先看香港。大約從上世紀末開始，香港完全進入了服務型經濟。同時，政治上，市民對政府的問責感也越來越高。「責」的內容也越來越集中在如何處理社會公平和環境保護方面。從 1997 年回歸祖國以來，每屆香港特區政府的管治架構都有不小的調整。涉及與城市建設基本

要素的部門，包括土地、房屋、城市規劃、交通運輸基建，一直在調整。香港政府架構內，「局」負責決策，「署」負責執行。從圖9-1看，香港特區政府由1997年18個局負責其23個功能開始都調整過程，可以看到每屆政府認為需要強化的功能：1998年從工商局分離出「資訊科技」，然而，2002年又取消了。除此之外，2002年最重要的變動，一是擴大了經濟局功能，並加入「發展」二字，強調其與內地相關部門的對應關係；二是將規劃地政局與房屋局合併，以及將運輸、環境與工務局合併。後者反映政府人士到這些本來功能關聯密切、但又分屬不同的部門去制定政策的弊端。2007年最大的改變是設立了發展局，下轄土木工程、房屋建設、城市規劃、地政等所有與城市建設直接相關的管理部門。另外一個「商務及經濟發展局」繼續負責與產業經濟活動直接相關的「發展」業務。2015年，商務及經濟發展局再一分為二，開始重新重視創新科技。2022年的最新一屆政府出現了明顯的架構調整：一方面將民政事務局一分為二，成立專門負責青年事務的部門；另一方面，重新單列房屋局，認識到雖然交通運輸和基礎設施與房屋發展相關，但必須有更專門化的機構應對香港最棘手的房屋供應不足問題。

當然，上述結構調整，只是從「黑箱」外部觀察政府，並不知道其各個局之間以及局與署之間的實際關係與運作方式。即便如此，這些結構調整還是反映了香港特區政府管理的側重點的轉變。值得注意的是，香港特區政府沒有一個像內地政府的「發改委」這樣的一個凌駕於其他部門之上的部門。也就是說，在城市管理和規劃領域，發展局、環境及生態局、房屋局、運輸與物流局，都是平級的機構。更宏觀和更高層的決策權就到了特首這一級。這點與深圳等內地城市不同。

深圳的政府架構調整比香港複雜得多，除了多了平行的黨組織，其區政府的權力也大很多，例如不僅有自己的財政，還可以設立投資機構。

圖 9-1 香港特區政府架構調整 1997-2022

政策範疇	1997年7月1日	1998年4月9日	2000年1月1日	2002年7月1日	2007年7月1日	2015年11月20日	2022年7月1日
教育	教育統籌局			教育統籌局	教育局		
勞工	衛生福利局			經濟發展及勞工局	勞工及福利局		
福利	衛生福利局						
醫療				衛生福利及食物局	食物及衛生局		醫務衛生局
食物及環境衛生	(臨時市政、臨時區域市政局)		環境食物局				
環境	規劃環境地政局			環境運輸及工務局	環境局		環境及生態局
規劃地政			規劃地政局	房屋及規劃地政局	發展局		
房屋	房屋局				運輸及房屋局		房屋局
運輸	運輸局			環境運輸及工務局			運輸及物流局
工務	工務局				發展局		
科技	工商局	資訊科技及廣播局		工商及科技局	商務及經濟發展局	創新及科技局	創新科技及工業局
工業		工商局					
通訊廣播	文康廣播局	資訊科技及廣播局					
商業	工商局	工商局			商務及經濟發展局	商務及經濟發展局	商務及經濟發展局
經濟	經濟局			經濟發展及勞工局			
旅遊							文化體育及旅遊局
文化及康樂體育	文康廣播局/(臨時市政、臨時區域市政局)	民政事務局					文化體育及旅遊局
民政	民政事務局						民政及青年事務局
財經金融	財經事務局			財經事務及庫務局			
庫務	庫務局						
政制	政制事務局				政制及內地事務局		
保安	保安局						
公務員	公務員事務局						

資料來源：作者根據網上資料整理。

深圳架構與香港不同的另外一個重要特點，就是處在一個與其城市政府行政級別相應的地位，與內地上位政府的體制對口銜接。上級體制的變動，直接影響深圳市政府架構的變動。然而，由於是國家級經濟特區和計劃單列城市，加上曾經有經濟特區內外的分別和個別央企（招商局）在城市發展中的特殊地位，使得深圳管理體制的某些局部調整變得十分模糊。其中一個原因，與「路徑依賴」有關。例如接近招商局管轄範圍內蛇口一帶的城市化改造，比較深圳其他片區改造來得更有規劃的整體性。這是因為它早於深圳設市的 1980 年建立，獲得特批的完整管轄權，甚至包括海關和警察部門，直至上世紀末。另外，這裏還有一個經濟基礎的因素：當年深圳嚴重缺乏城市發展的資金，而相對獨立的蛇口則隨着加工區和港口帶來的回報，在蛇口範圍內相對早地有自己的累積資金，投入本地的城市化進程。近年來招商局總結出的「前港－中區－後城」的蛇口發展模式，其「前－中－後」既有空間含意，也有時間秩序，而更重要的是當時當地存在一個極為特殊的比較環境：蛇口港當時是香港葵涌碼頭的支線港，在中央政府特批下自己設立海關，通過葵涌樞紐將蛇口連結世界主要市場；同時在全國甚至深圳市其他地區還沒有改革開放之前，最早開創自訂薪金水平和僱用勞動力（包括沒有本地戶口的「打工妹」）等市場化的企業經營環境。

　　上述的招商局特定環境與其企業本身的文化有關。而在深圳，由企業管理的土地不止招商局一家，緊鄰的南油集團又有不同的企業文化「路徑依賴」，這裏不再展開。這種特區中的開發區，在開發區主體企業管理下，形成了某些「特區中的特區」性質。這種情況僅僅延續了 20 年。進入本世紀後，隨着深圳的城市管理逐步正規化，招商局等央企在城市行政管理方面的很多權限被收回。對比香港百多年來對新界土地中諸如「丁權丁屋」問題的處理，差別鮮明。

　　由此可以看出兩個城市在制度上的路徑依賴及其對城市管理的影

圖 9-2 深圳市政府架構調整 1997-2020

政策領域	1997年	1999年	2001年	2003年	2004年	2007年	2009年	2010年	2012年	2014年	2015年	2016年	2017年	2018年	2019年	2020年
外事	外事辦公室 僑務辦公室		外事辦公室		外事辦公室(僑務辦公室) 台灣事務辦公室(後併入市委)	外事辦公室(僑務辦公室)	市政府辦公廳	外事辦公室						外事辦公室(港澳事務辦公室)		
發展與改革	計劃局	經濟體制改革辦公室		發展計劃局	發展和改革局				發展和改革委員會							
財政				財政局			財政局								財政局	
稅務							地方稅務局									
審計							審計局									
市場管理和監督	技術監督局			工商行政管理局 (物價局) 質量技術監督局				市場監督管理局			市場和質量監督管理委員會				市場監督管理局	
安全管理					安全生產監督管理局 (安全管理辦公室 應急指揮中心 民防辦公室(地震局))		應急管理辦公室 (安委辦、安監局、民防辦(地震局))		統計局		安全生產監督管理委員會	應急管理辦公室(安全辦、安監、地震)				應急管理局
統計	統計信息局								統計局							
水務與港務		水務局 港務管理局	水務局(港務管理局) 交通局			交通運輸局(港務管理局)				水務局						
交通運輸		運輸局	交通局			交通運輸局 (交通運輸局 公路局)				交通運輸委員會						交通運輸局
土地規劃與房屋建設	規劃國土局 (地籍局) 住宅局(房改辦)		規劃與國土資源局	建設局	國土資源和房產管理局	規劃局 建築工務署	住房和建設局 (住房和建設局 建設局)			規劃和國土資源管理委員會			住房和建設局 建築工務署		規劃和自然資源局	
環境				環境保護局							人居環境委員會				生態環境局	
城市管理	城市管理辦公室		城市管理辦公室(城市管理行政執法局)			城市管理局(城市管理行政執法局)				城市管理局					城市管理和綜合執法局	
人力資源與社會保障	人事局 (市編制辦)	勞動局 社會保險管理局			人事局(編委辦)	勞動和社會保障局					人力資源和社會保障局		人力資源和社會保障局	社會保險基金管理局	人力資源和社會保障局	社會保險基金管理局 醫療保障局 政務服務數據管理局
											機關事務管理局 政務服務管理辦公室			政務服務管理辦公室		

政策領域	1997年	1999年	2001年	2003年	2004年	2007年	2009年	2010年	2012年	2014年	2015年	2016年	2017年	2018年	2019年	2020年
監察	監察局															
公共安全	公安局															
	國家安全局															
法制	司法局															
	法制局				法制辦公室											
民政	民政局															
信訪																信訪局
教育	教育局		教育局 深圳市人民政府教育督導室		教育局											
文體旅遊與知識產權	科學技術局		科學技術局（知識產權局）		知識產權局		文體旅遊局									文化廣電旅遊體育局
	文化局				文化局 （廣播電影電視局、新聞出版局）											
			旅遊局													
					體育局											
														語言文字工作委員會		
衛生	衛生局						衛生和人口計劃生育委員會								衛生健康委員會	
人口與計劃生	計劃生育辦公室				人口與計劃生育局										醫療保障局	
跨境管理	口岸辦公室															
國有資產管理	國有資產管理辦公室		國有資產管理辦公室 （集體資產管理辦公室）		國有資產管理委員會辦公室		國有資產監督管理委員會									
無線電					無線電管理委員會辦公室					無線電管理局					工業和信息化局	
農業與經貿	經濟發展局		經濟貿易局 （市政府能源辦公室）		貿易工業局（能源辦公室）		科技工貿和信息化委員會		科技工貿和信息化委員會	經濟貿易和信息化委員會				工業和信息化局		
	貿易發展局															
	經濟協作辦公室															
	農業局		農林漁業局（海洋局）				農業和漁業局									
科技工貿與信息化					保稅區管理局		科技工貿和信息化委員會								商務局	
			信息化辦公室		科技和信息局（信息化辦公室）					科技創新委員會						
					高新技術產業園區領導小組辦公室											
食藥監督			藥品監督管理局		食品藥品監督管理局		藥品監督管理局									
金融				金融發展服務辦公室												
氣象					氣象局											
民族宗教						民族宗教事務局 （後併入市委統戰部）										
蛇口											前海蛇口自貿片區管委會					
前海										前海管理局						
投資與企業服務										投資推廣署					商務局	
										中小企業服務署						
					行業協會服務署											
	外商投資局		對外貿易經濟合作局												商務局	
											公平貿易促進署					

資料來源：作者根據網上資料整理。

響。首先，香港雖然在回歸後做了不少體制架構的調整，特別是加強了對「發展」和「科創」的管理，而且是在新型的政體之下（特首任命對上負責的局長，各局提拔上來、熟悉具體業務的常務秘書負責承上啟下，下屬各個署級單元負責日常事務），但對於非商業和經貿部分，政府基本上沿襲了港英政府時期的治理方式。例如，1970 年代後期確立的以軌道為基本骨架的公共交通優先政策從未改變，包括給予港鐵在車站及周邊一定的物業發展權來補貼其營運成本的做法也一直延續。這是一個正面的例子。反例則是回歸 25 年以來，房屋政策的調整和改革一直不能到位，反映出香港特區政府在這方面受到了巨大的制衡。這種制衡一方面來自政治團體，充滿政治色彩，另一方面，100 多年來累積起來的法規也起到了極大的作用，比如糾纏多年毫無突破的丁屋問題。這是典型的路徑依賴，這種依賴不僅是制度上的，某種程度上也是文化上的：它體現了一種對於已經形成的法律和行為方式的執着。

相比之下，1980 年以來高速城市化的深圳能夠在 40 年內就走到了現代社會，並仍然在有序並快速地發展，用官式語言來總結，就是「不斷深化改革開放」。它意味着不斷突破過去立下的成文法律或者未成文的規矩。其背後的「路徑依賴」是與執着相反的變通二字。「變通」植根於中國文化。國家改革開放的宏觀政策和依託香港這個具有特殊比較環境的對外門戶，加上國家不斷給予的各種「先行先試」特殊政策（往往是與香港現行制度和遊戲規則相容或者相同的），給了深圳管理者變通的機會和權力。緊鄰香港的深圳也確實沒有辜負國家的期望，逐漸形成了既兼容內地改革進度，同時又兼容香港和國際社會的一套做法。

因此可以說，是這兩個城市在空間上比鄰而居、體制環境差異的存在，為今天稱之為大灣區的地方帶來了一個中國甚至世界都找不到的、因為兩個比較環境銜接和功能組合所形成的具有「雙重性格」的大都會區。

第十章

「合」的挑戰：
香港北部都會區與深圳前海

過去三年，兩個城市最具體的向對方靠近和示好的行動，無過於深圳西部前海的「深港現代服務業合作區」（簡稱深港前海合作區）從 14.92 平方公里擴大到 120 平方公里，以及香港提出一個有史以來從未有過的北部都會區發展戰略。

前海位於深圳最早起步的蛇口西側，是 2010 年完成填海、深圳最寶貴的一片完全在現代城市規劃手段下興建的全新都會中心區（CBD）。12 年以後的今天，前海已經從一片海水變成了一片各型各色玻璃幕牆建築的現代化城市空間。正式建立深港前海合作區，是在 2011 年，目標是吸引香港企業前往，帶動深圳現代服務業的發展，特別是金融、法律、科技研究、會展、物流、文化等高端服務業。根據當時的訂下的發展目標，是要利用香港服務業發達的優勢，「到 2020 年，建成基礎設施完備、聚集具有世界影響力的現代服務業企業，成為亞太地區重要的生產性服務業中心，世界服務貿易重要基地」。[1]

根據本人參與的一項研究，在尚未擴充之前的 14.92 平方公里的合作區，2021 年底已經有超過 1.1 萬家香港企業註冊。然而，真正在那裏有實體經營的企業只有一百多家，其中以 3.75 平方公里的保稅物流園區及附近的物流企業為主，其他為初創企業和一些跨境經營的中資銀行。人們很自然想到 2019 年以來香港政治風暴和新冠疫情的影響。然而，有調研發現，一些進駐前海的港資企業撤離，是在這兩件事情發生之前。為甚麼他們會撤離？我最近參與的一個調研發現有以下幾個主要原因：

- 交通的可達度和便利度。這包括前海與香港之間及前海與深

---

1 參見深圳市人民政府 2010 年 12 月 21 日發布的《前海深港現代服務業合作區總體發展規劃》第四條。

圖 10-1　擴大後的前海深港現代服務業合作區

會展新城及
海洋新城片區
29.36平方公里

會議及展覽服務業、
海洋經濟產業[1]

國際機場、國家臨空
經濟示範區[1]、空港
綜合保稅區[1]

機場及周邊片區
30.07平方公里

深圳

總部經濟

寶安中心區及
大鏟灣片區
23.32平方公里

資訊服務、科技服務
等新興服務業、個人
服務業

前海深港現代
服務業合作區
14.92平方公里

蛇口及
大小南山片區
22.89平方公里

深圳灣

圖例

擴區前

擴區後

洪水橋/廈村
新發展區

香港

資料來源：香港特別行政區立法會

圳周邊主要連接點之間的可達度。儘管深圳地鐵已有 4 條線通過前海，但對於已經進駐前海的企業的經營需要來說，合作區的對外交通仍不算便捷，來往前海的公路配置亦不夠合理。

- 合作區政策的連續性、確定性及審批效率對於在地企業的發展和積極性有舉足輕重的作用。例如一些已出台的政策可能因為某些原因而最終無法延續下去；領導班子的更迭頻繁，導致談好但未成文的約定，往往因為人員更替而無疾而終。

- 不少受訪者表示相較於其他周邊的區或城市，前海顯得不夠主動積極，或是給予的條件相對不合理，導致有考慮落戶前海、甚至已經進駐前海的企業轉投其他地方。

- 對「高大上」來落戶的期待，與香港高端服務業為大量中小企業的特點不吻合。前海合作區被致力打造成「中國曼哈頓」、世界 500 強的集中地等高端戰略基地，這些形象目標固然可以襯託出前海要建立一座世界性現代服務業中心的雄心與氣魄，而且跨國巨企的參與確實能帶動前海標志產業羣的形成與崛起。然而，相對而言前海的中小企業存在着被受冷待的感覺。

這些除了第一條，後面三條都顯示，雙方有一個不匹配的問題。2022 年，前海合作區擴區到 120 平方公里，但新方案並沒有增加任何稅務優惠，大概是已經注意到，問題並不在稅務上（上萬個注冊企業不在這裏實體操作，圖的就是減稅、避稅）。

說到底，問題在於為甚麼要在前海複製香港的核心功能？本書前面幾章分析了兩個城市各自的優勢和演化過程是完全不同的，當年製造業大遷徙，後來在深圳開花結果，升級換代；香港則借整個中國改

革開放之風，形成世界級金融中心，兩個城市各得其所並形成優勢互補。前海合作區，如果在那裏搞金融，則是在對方未來的市中心搞成另一個自己。如果真的成功了，該是製造業轉移之後的又一次大遷徙了。然而，金融業不是製造業。不要說跨境到一個法律制度不同的城市，就算同一個國家，比如英國的倫敦或者日本的東京和美國的紐約，金融服務只有非核心業務外移，核心業務從來不會離開，這是有金融地理學專業研究論證過的。[2] 即使是香港內部，從金融中心的中環疏解到西九龍和鰂魚涌太古坊一帶的業務，也用了 15 年以上的時間才出現了某些業務的轉移。

　　法律業務轉移，遇到的是另外一個問題，即香港律師行的專長並不是內地業務，因此在前海並沒有甚麼事情可做，只有回港。最該在那裏擴展的是航運和空運物流，因為這是前海最大的優勢，特別是與內地和國際市場相關的物流。最後，文化、會展和研發都是好內容，但還是有多個難以理解的問題：在香港做文化事業，與在深圳做，會一樣嗎？搞會展，為甚麼一定要與香港企業有關係？最新的官方對新版《前海方案》的解讀，提到因為香港土地不夠。的確，香港是不夠地，但從我前面的分析可以得知，深圳比香港更缺地！因此，把前海做成深圳自己最國際化的核心區才是最合理的選擇。而香港應該只是全世界和全國各地可以成全深圳的地方之一。所以，應該把深港合作區改成深港國際合作區，即利用香港「超級聯繫人」優勢，形成一個與全世界合作的區域。

2　參見香港大學的兩位學者 Zhao SX (趙曉斌) 和 Lenzer JH Jr 於 2015 年發表的研究"
Gauging and understanding the growth and decline of Global Financial Centers over past decades: big trend and big factors" (at Global Conference on Economic Geography, GCEG 2015)。

香港北部都會區的情況很不同，如果不是剛好相反的話。香港特區政府提出北部都會區，無論從政治上還是城市規劃上都是破天荒的事，因為這是香港政府第一次實質上承認，香港不是沒有土地，只是從來沒有認真考慮向北發展！在這大約 300 平方公里的都會區範圍內，雖然只有大約 15 平方公里的土地是第一次在圖紙上圈出的新建設用地（新界北新市鎮 11 平方公里＋新田／落馬洲發展樞紐 3.3 平方公里＋文錦渡發展走廊），但對香港而言，已經不少。香港境內向北發展最困難的是三件事：第一，甚麼行業去？第二，誰去？解決了前兩件事，第三件事則是甚麼時候才能實現？

圖 10-2　香港北部都會區的位置與大致範圍

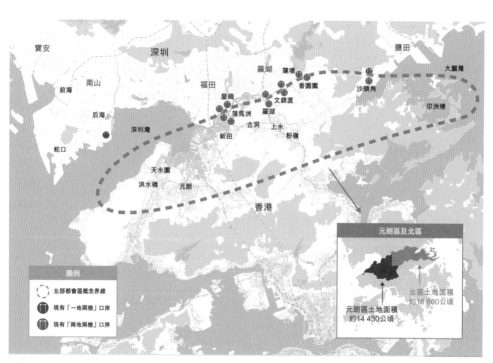

資料來源：《北部都會區發展策略報告書》第 14 頁，2021 年，香港特區政府。

先說第一件。讓我們用排除法試一試：香港的幾大支柱產業中的金融、旅遊、貿易都不會去。剩下的就是物流，已經在那裏。再有就是教育、文化、醫療、科技和政府機構自身。其中，醫療、文化都屬於跟隨市中心和人口分佈移動的，不是可以人為主動佈局的。因此，剩下的就是教育、科技和政府機構。河套地區在建的創科園符合上述篩選，特別是考慮到與深圳河對岸的人員往來放開後，兩個城市的科研技術力量和企業可以選擇自己在深圳還是香港發展，或同時在兩地設立科創產品孵化器，完成所謂「0-1」，然後「1-10」的研發－商品化過程。最近特首宣佈已經計劃將40%的政府崗位搬遷到這個地區。如若騰出高地價的市區例如灣仔合署，這種帶頭作用值得稱讚，特別是考慮到上面提到的三個支柱產業不可能北遷。教育，這裏特指大學或者專上學院，從目前香港人口特徵和香港各大學在深圳廣州等地開辦分校的情況，似乎沒有多少進一步的需求。

再說第二件。誰會去這裏工作和居住？《北部都會區發展戰略》文件中預期，該範圍內居住人口將在 2035-2040 年達到 250 萬，工作崗位將達到 65 萬。也就是說，大約三分之一的港人居住在這裏，四分之一港人就業在這裏。即是說，這裏將是一個以政府合署、創科園區、物流倉儲為主，配以相應規模的各種社區、服務和商業網點的都會。我個人以為，以香港目前的人口和專業人才以及大學生對專業的選擇看，屆時這裏除了政府部門，創科和物流業都會嚴重缺人，必須輸入人才，而且這些人才恐怕是這個都會區發展戰略是否可以兌現的關鍵之一。新任特首在其第一份施政報告中明確將放寬人才引進政策，於是人們的關注點轉到有人會來嗎？我個人以為，與前海吸引香港人去的情況不同在於兩點：第一，如果引入的人才移民香港，關鍵在於香港本身在社會發展方面的吸引力以及相對收入而言的生活成本。以我個人的了解，香港的吸引力之一在於相比內地的兒童就學環境。如果

一些技術專才並不想去或者留在歐美國家,那麼到香港或者新加坡的機會都很高。第二,另一個可能性是深圳的技術專才在香港北部都會區上班,但仍然在深圳居住。這個可能性也很高。這個區域離深圳市中心不遠,離深圳高科技人士集羣與居住的深圳蛇口和南山一帶也不遠。這與香港人通勤去前海工作相當不同。因此,古洞-新田-落馬洲發展樞紐一帶成為兩地合力發展的新增長極是有機會的。

第三件事,就是都會區何時可以建成?我個人相信,規劃合理、肯引進人才的話,這個都會區建成的機會不低。對於香港目前的經濟狀況,儘早建成,並扮演一個帶動整體經濟發展的角色,才有政治以外的實惠。從香港目前的體制看,任何事情要想加快進展,都絕非易事。因此,何時建成,關鍵在本屆政府能否真正推動其內部改革,並廢除或修訂一些過時的關於土地開發和建設過程的法律條款等,提高香港的行政效率。

把深圳的前海和香港的北部都會區放在一起考察會發現,雖然各自表述非常不同,兩個邊界上的區域打算吸引的都是香港人和香港企業。從演化制度地理角度看,前海希望做的,是移植香港的「比較環境」,而香港的北部都會區並沒有反向的操作。這一點證實了在官方認知上,兩個比較環境是有「級差」和方向性的。另外,兩者還有兩個不同,一個是時差:前海是已經建成了十年的地方,而北部都會區戰略則剛剛出現一年,即是說,那已經是一個隨時可以進駐做生意的地方。另一個是相對兩市中心區的區位:前海離本地高科技和高收入羣體聚集和居住的地區很近,不論地鐵還是駕車,15分鐘都可以到;相反,北部都會區離香港高收入職位聚集區和居住地都遠,反倒是與深圳市中心更近。這兩點的差別加上制度「比較環境」的差別,意味着北部都會區如果進展迅速,兩地的功能分工將會更加清晰:除非目標明確是進入內地市場或者利用前海的機場和港口,其他帶有國際服務功能或

者需要兩地合作做出創科產品的，港企港人留在香港一側發展的可能大很多，因為在資訊自由和法治環境方面，香港的比較環境優勢仍在，需要的就是放寬人員交往的限制，讓香港缺乏的人才可以隨時隨地過境來工作。

我以為，上面描述的這種兩個城市在邊界區域的起承轉合，是當出現香港向北發展這個「承」的動作出現後，可能的「合」的方式。是在香港繼續其現有的「一國兩制」和深圳繼續其經濟特區制度下的推演，即所謂「擴展應變」(Exaptation) 的過程。正如我上一章指出的，這種擴展應變的演化過程風險小，可能性大。這種擴展應變，就是在允許在一個特定的局部做某種突破，比如前海實施某些香港的經營法規和資質認證，方便港企或港人在這裏按照其熟悉或者國際化的方式運作，又比如允許深圳專才可以用某種通行證天天跨境通勤，往返於香港北部都會區和他們在深圳的住所。我將這種局部的、不涉及整體制度變遷的動作稱之為「嵌入」。這種嵌入可以通過進一步擴大兩地的交流，在效率上實現雙贏，是以制度變動理順市場關係。

當然，以演化制度學關於區域發展多元化的理論，整體性的制度突變是可能的，但是也是不可預測的，何況影響兩制雙城的融合方式，絕不僅僅在於這兩個地方發展的可能性。從地理尺度上，至少還有兩個層面可能直接影響前海和北部都會區的發展。一個是大灣區的演變，另一個是國家和國際形勢的演變。

先看大灣區。廣州南沙也是廣東省自貿區的一部分，與前海享受同等政策待遇，也就是說，從制度比較環境上是同類的。2022 年 8 月才推出的《南沙方案》則在如何與香港合作方面開出了一個更有吸引力的政策清單。雖然不排除前海會跟進，但兩者最大的不同，在於南沙相對於深圳而言，具有大片的低租金土地，同時也擁有世界級樞紐海港；深中通道修通後，駕車到深圳機場也只需要 40 分鐘。對於希望服

務整個大灣區的企業，特別是與物流和供應鏈相關的企業，這是一個比廣東自貿區其他兩片（珠海的橫琴和深圳的前海）更好的區位。過去，霍英東家族在這裏投資早其他人幾十年，但遲遲未有收穫，一個核心原因就是這裏雖然是珠三角的所謂幾何中心，但實際上的交通可達度很差。但過去 3 年以來，廣州在這裏新建了 160 公里時速的地鐵線，有了幾十分鐘就到香港市區的慶盛站，並且在建中的深中通道公路橋和平行的鐵路橋都會在南沙設立出口或者車站，將從根本上改善這裏的可達度。相信不少港資港企直接越過前海，走向南沙，道理就在這可達度改善所帶來的發展潛力，拿內地流行的詞語描述，就是「價值窪地」。

再看世界進入動盪時期的影響。深圳和香港一樣，都不可能獨善其身，必然會因為外部環境的壓力或者機遇而調整。從經貿環境看，有兩個重要的變化可能導致前海調整其發展內容。一個是「中國＋1」和「友岸貿易 (Friend-shoring)」的共同影響導致貿易格局的變化。「中國＋1」是指由於新冠疫情大爆發以來，全球供應商明白了需要在超過一個國家有生產線，才能降低斷供的風險，而很多企業已經在中國有生產線，因此需要在中國以外的地方多一條生產線。另外一種「中國＋1」的情況，是在中國生產某些關鍵部件或主要組件，把最後的裝配線轉移到生產成本更低同時又沒有稅務歧視（例如因中美貿易戰導致對 Made in China 產品的高稅收）或產地歧視（如俄羅斯）的國家。「友岸貿易」，是指美國推出的以意識形態劃線的貿易夥伴關係。另一個是RCEP，即在「東盟＋5」（日、韓、中國、澳大利亞、新西蘭）的範圍開始實施自由貿易區政策。上述兩個新變化，對深圳西部港區與東部的鹽田港的影響不同，因為前者有更多的亞洲航線。因此，貿易關係的新格局可能對位於蛇口港區附近的前海帶來正面影響。這個影響還與深圳機場的國際航線以及進一步改善從前海到香港機場的連接度有

關。雖然廣西自治區有一頂「中國－東盟戰略樞紐」的帽子，但東莞、深圳、佛山等珠三角城市的高性價比產品在東南亞市場潛力巨大，而且不受美國「友岸貿易」策略影響。前海合作區，特別是接近其港口和機場的地方，逐步形成一個對 RCEP 國家的跨國供應鏈基地或者宿主，可能性很大。上述新形勢是否會對香港北部都會區構成影響，很大程度上要看 (1) 這裏是否繼續容許或者發展與機場相關的物流業；(2) 香港是否在新形勢下保持自己高度國際化的地位，並及時加入 RCEP。

綜上所述，從制度地理學中的路徑依賴和空間依賴觀點看，香港北部都會區和深圳前海進一步的演化和發展，取決於至少三個層面的變化，即城市、區域／國家和國際／世界。城市本身是內生層面。對香港而言，北部都會區是帶有「應變擴展」意味的：在現有制度不變的情況下，改變城市空間發展方向，以順應政治要求的前提下，尋求本城市的利益和機會。對於 2.0 版的一國兩制，這是一個可以獲得多方支持的策略。然而，一個以重商文化為意識形態基礎、以貿易、金融和旅遊為主要優勢的城市，如何在相對遠離市中心的地區發展出新的行業，並且可能是需要依賴理工科 (STEM) 人才的行業，底子有限。創科的成果商品化，無論人才還是供應鏈，都需要依賴深圳和周邊城市。因此，這個都會區的規劃是否會向期望的方向發展，有賴於人才和技術跨境的互聯互通，而不是與中環的聯繫。這是這一項應變擴展策略成功的關鍵。前海是另外一個完全不同的環境。其起步建成後 10 年的今天，雖然與其吸引香港企業和資金的初心有不小距離，但因為深圳真正的核心區西移，空間依賴讓前海自身有成為 CBD 的巨大潛力。擁有國際機場和先進集裝箱港口，由距離世界級別信息與電子產品製造中心的前海，在香港的合作下，升級成為一個線上線下聯動 (O2O) 的國際供應鏈服務樞紐，前景可期。這裏的應變擴展，應該是利用 RCEP 和內地最市場化城市的優勢，雙線拓展。這個過程中，雖然香港這個

「超級聯繫人」和金融中心、信息中心一定會起到輔助作用，因為這個應變擴展需要一些微觀層面的制度國際化。但最終的主角，除了深圳本身，大型跨國企業（包括深圳自身的騰訊、順豐、傳音和招商局等）作用會很大。

第十一章

變與不變

—— 港深兩制雙城共同演進的方式

演化理論的一個基本觀點是，雖然存在路徑依賴和地方依賴，未來是無法預測的，因為演化過程存在「奇異性」和突變的可能。但這並不妨礙對未來發展方向和可能性做出一些判斷。本書的核心在於以演化制度地理學角度，腳踏實地考察一對存在特殊政策和制度環境背景的城市。而這個考察的時點又恰恰在其「起承轉合」進入了「轉」的階段，尚未出現「合」的信號之前。我和很多讀者一樣，都很想探討「合」的可能和途徑。因此，在第九章的總結之後，我決定寫一下我在目前這個階段對港深關係如何進一步演變的一個展望，以及提出自己的一些看法。

　　我在這裏提出關於兩制雙城向更光明的前景共同演進的幾個基本判斷。第一是關於實現這個正向演進的比較環境：在兩個城市各自進一步調整自己或者一起做出正向改變的時候，並不改變各自基本的比較制度環境，對此我在下面做進一步的解釋；第二是關於目標：所謂更光明的共同演進，是指兩個城市雙贏的可持續發展，即社會更加公平和多元化，經濟更有效率，和從區域整體上更環保；第三是關於演進過程的特徵：在這個演進過程中一共會有四種進程（參見第二章表2–1及其相關內容）。已經開始了的「轉」到「合」的進程不可能也不應該僅僅有「複製」進程，而需要某些「擴展適應」，雖然這種較大幅度的調整可能有一定風險，但根據目前兩個城市自身以及整個大灣區、國家和國際形勢的演變，這種擴展適應是必然的。而對於有一定可預見性的發展，採取某些措施，促進希望的變化並防患於未然是可能做到的。而更激進的「突變」並非不可能，但其後果難以評估，風險較大。

11.1 港深互動演進的基本模式

　　下圖（圖 11-1）繪製了按照時間和空間發展的過程中，這兩個城市在國家這個大環境下各自演進中的四種進程以及它們之間的互相影響，包括產業轉移（移植）。為了突出我們最關心的中國改革開放後、深圳特區成立以來這一時期的港深雙城，這個進出時間表簡化了中國內地整體政策的變遷（即本圖表的上部）以及從香港成為轉口港到 1949 年人民共和國成立這一段的歷史（即本圖表左部）。首先，根據突變的定義，這裏只出現過兩次突變，一次是香港作為一個殖民管治地區的出現，另一次是深圳作為經濟特區的出現。1997 年香港回歸雖然從政治上極為重要，但這裏並不視其為突變，因為鄧小平先生「一國兩制」構想的實施，的確沒有導致香港在那時出現城市管理體制、社會發展、經濟特徵等各個主要方面的突變。當然，香港特別行政區的確不同於前港英政府的管治，也許有人認為 2020 年實行國安法導致香港出現實質性的轉變，但至今為止，「一國兩制」仍然維持不變。

圖 11-1　港深雙城演化共進時間線

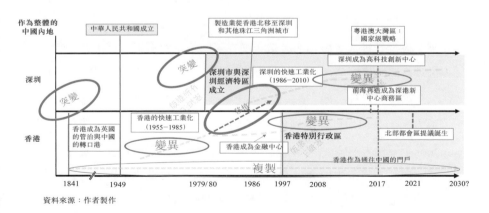

港深雙城演化共進時間線

資料來源：作者製作

其次，有一次重大的「移植」過程發生在深圳特區成立後、香港回歸前，即香港的製造業轉移和擴張到深圳等珠三角城市。從兩個城市共同演進的角度，這次移植有兩個值得注意的特點。第一是它的前因後果。前因，是指 1950 年代到 1980 年代香港歷時三十多年的工業化。該工業化的出現和進程，可以說是在特殊環境下為了自救而產生的：英國人設計的、19 世紀開始的登陸中國之門戶的角色被迫中止，內地的商貿和社會聯繫也很大程度被切斷，數百萬香港居民只有在自己已有的貿易網絡基礎上發展出口加工業才能維生。這本是被逼出來的、在彈丸之地上工業化的選擇，在中國改革開放後突然找到了它的未來——將製造業轉移到具有龐大廉價空間資源和勞動力資源的珠江三角洲，而最初的首選就是為此而生的深圳特區。因此，香港的工業化很快畫上了句號，而深圳接過了出口加工的業務，逐漸和香港一起形成了後來稱之為「前店後廠」的經濟發展模式。這個移植的第二個值得注意的特徵，是它的非對稱性。香港製造業北移大約用了 10 年的時間。這段時間，香港不同行業的企業北移的目的地並非僅僅在深圳。隨着內地改革開放和珠三角不同城市有差異的招商政策（很大程度上是政府補貼上的差別和法律規範化上的差別），一些技術要求低，靠低成本競爭的企業，在公路條件改善後，直接轉移到了東莞等地，也有的是從深圳二次轉移到其他城市的。該移植非對稱的另一特徵，是它帶來了香港管理或者關聯的製造行業在不同城市的擴張，而不是一對一的城市間的移植。

第三種過程，即「變異擴展」，在圖 11-1 的演進表中出現在三個地方，一是前面已經提到的香港始於 1950 年代初的快速工業化；二是深圳經過大約 25 年的工業化後的轉型升級；三是香港在製造業北移後，服務業擴張中的金融業異軍突起，把香港這個原本以實物貿易為本的區域中心升格為以金融貿易為本的區域中心。

第四種過程，是複製。深圳市成立雖然僅僅四十餘年，但它在中國以至世界的角色、它的城市功能、經濟體制、產業、人口特徵無一不在持續變化中。相反，香港自從 19 世紀中葉以來，其作為中國的門戶港的角色一直沒有變，只是在 1952 年至 1978 年期間受到重大的限制，但中國改革開放後，香港又在很大程度上回到了以往的角色。因此，這是一個近兩個世紀的角色複製。「一國兩制，五十年不變」的制度設計，反映出中央政府對這個複製過程的認同。

如本書第二章中的演化理論所述，這四種不同的演化進程各自體現着其產生的條件和動力。其中，我們看得很清楚的是這兩個城市的「突變」或者「新景象」，都是由外部和更高層次的決策導致。移植和異變擴展，則反映了某種自組織力量（含通常定義的市場力量）在調整港深自己的發展路徑以及新角色的選擇，通過重組內部資源（例如，深圳的產業升級換代和香港從實物轉口港轉向金融中心的發展），以適應外部環境的變化和要求。

從宏觀上，香港和深圳實行甚麼樣的制度以及其後可能如何轉變，並不是可以由這兩個城市自己決定的。這一點與一些比較制度分析理論並不相同。例如青木昌彥（Aoki MASAHIKO）在其關於比較制度的主要研究著作中[1]，把制度定義為博弈原則，而且認為博弈的參與者及其代理人是決定博弈的內生變量，是首要的和決定性的。但我們這裏討論的是兩個由更高層的政治過程和決策訂立的遊戲規則（或博弈原則）才產生的比較環境城市，因此青木的理論在這裏並不適用。從宏觀層面看，1980 年代中英談判，讓香港以一國兩制的方式，用基本法保留其原有的社會制度是這樣，中國改革開放初期決定在鄰接香港的深圳

1　青木昌彥（2001）《比較制度分析》（中文版），第一章，上海遠東出版社，周黎安譯。

建設經濟特區也是這樣。從具體經濟政策層面看，1988 年，深圳成為廣東省唯一的一個「計劃單列城市」，享有不向廣東省納稅的政策也是這樣。因此，我們有理由相信，決定香港和深圳比較環境的基本制度是否改變，仍將由外部決定。至今為止，中國中央政府從來沒有宣佈何時不再需要經濟特區。同時，關於香港一國兩制「五十年不變」的提法，港澳辦主任夏寶龍 2022 年 3 月在北京會見港區全國政協委員時，強調中央堅定不移落實「一國兩制」，更引用鄧小平的話說，「50 年不變」後面還有第二句，50 年之後也沒有必要變。而同年 7 月 1 日是香港回歸 25 周年紀念日前夕，全國人大常委會香港特別行政區基本法委員會主任沈春耀再次重申，「50 年不變」中的「50 年」只是一個形象的講法，前 50 年是不能變，50 年之後是不需要變。

　　從中微觀或者那些並非由外部決定的方面看，不論香港還是深圳，各自的制度一直在變，而影響兩地交流和互動的具體措施和政策也一直在漸變，亦有反覆。關於香港，一個前面幾章沒有展開討論的體制內容，是其政府架構的變化。1997 回歸以來，每屆政府都在不斷調整政府管治的架構。董建華特首時期的調整，主要是對政府如何引入外部幹部，使得特首管治班子不僅僅依靠政府內部提升的公務員。之後各屆政府數度調整，主要考慮在各個局、署的功能及任務間互相協調以適應香港不斷變化的社會與經濟發展重點。最近兩屆政府對其管治架構的調整，重點明顯在於如何對接內地各級政府的設置。比如，政制及內地事務局於 2020 年 11 月成立了粵港澳大灣區發展辦公室，由政制局主任袁民忠任專員，以加強推動和協調特區政府有關大灣區建設的工作。這是對應國家發改委大灣區「十四五」發展規劃而設。

　　與香港不同，深圳沒有任何政治上的動力和需求，雖然在政制方面與香港接軌，客觀上會增加兩地政府間的溝通效率。從內地行政層級角度，香港特區與廣東省同屬省級，而深圳則屬於市級，雖然是「計

劃單列市」和經濟特區，在行政級別上的地位並沒有更上一層樓。深圳很早就明白其與香港交流方面存在行政上的「級差」問題，同時也注意到香港作為小政府，很多事情並非由政府出面和處理。因此，近年來，在與香港互動交流中起到越來越大作用的是各種半官方組織、準民間組織和 NGO。根據演化經濟學理論，這些組織也是制度的一部分。這些組織對於深港兩地溝通非常重要，因為：第一，一些潛在的新政，例如可能會促進跨境要素流動的措施，可以通過非正式渠道為這類措施的最終實現做各種測試和反饋。第二，由於香港方面對中國內地體制內交流方式的了解不足，不清楚哪個層級的哪個機構是「有關部門」，以及這些有關部門需要哪些步驟才能最終落實一項措施，很多情況下需要通過多個渠道溝通。這些半官方組織、社會團體本身，或者其某些成員的關係網絡可以有效轉達信息。第三，由於兩地的官方或者民間媒體對同一事件的報導常常存在巨大表述差異，更多非官方渠道的溝通可以有效避免被某些傳媒誤導。

在兩個城市互相學習對方的一些城市規劃和管理方面的政策過程中，由於香港屬於成熟的市場經濟體系，政府管理方面不少經驗獲得了深圳的認同，有些甚至是通過引入香港經營者而形成類似的運作方式。例如深圳的鹽田港引入了和記黃埔集團的香港和記國際碼頭公司（HIT）、在蛇口港和大鏟灣碼頭引進了香港九龍倉集團的現代貨櫃碼頭集團，與中國央企招商局港口集團一起經營。如今，HIT 和招商港口都是世界級集裝箱碼頭經營商，而香港與深圳的港口之間的市場分工協同作用的形成，恰恰得益於這種同地區跨城市的經營模式（更詳細的解釋見本書第八章）。類似的還有香港鐵路公司（MTR）參與建設和運營個別深圳地鐵的線路，並把港鐵著名的「上蓋物業」TOD 模式引入深圳。事實上，深圳地鐵的運作模式，包括營利要求和服務質量的管理，與香港 MTR 並不一致。但深圳市政府允許港鐵獨立投資並運營幾條線

路並在個別地鐵站附近發展可以補貼地鐵成本的居住小區，說明深圳市在這方面了解港鐵自負盈虧財務體系的先進性。引入 MTR 對深圳地鐵走向成熟起到了促進作用。

深圳向香港學習的一些制度上的作法，也有不理想的，例如香港政府賣地政策，導致長期依賴地租作為政府開支的主要來源，從而帶來了不斷推高地價的後果。這一做法雖然形成了低稅制的優勢，至少理論上增加了企業和個人收益，但長期推行此政策的後果，導致了香港無法吸引「土地產出比」不高的企業進駐，也導致房地產行業的盈利遠高於大多數其他行業，因為當市民明白，政府長期惜地和賣地意味着買樓是最靠得住的長遠投資，他們無論如何都要想辦法「上車」。而因收入有限而無法上車的一族不但無法與有房產的市民「平等共享」政府不斷客觀上支持的房價上升帶來的回報，還需要每天在購物和消費時，付出越來越多業主在物價中轉嫁給消費者的地租成本。

深圳以及很多內地城市都從香港這裏學會了用賣地養活政府。但有兩點值得注意。第一，靠賣地，如果政府沒有嚴格的自制力，就不可持續。香港至今的建成區面積只佔土地總面積的 28%（2021 年數據），而深圳已經到了 45%；第二，香港賣地收入的很大一部分用在了建設公屋，以這種方式對低收入階層進行了轉移支付，雖然我們批評香港政府在這方面做得仍然不夠。這方面深圳的情況很不同：那裏需要處理的主要是集體所有制下的城中村問題。然而，無論香港還是深圳，都沒有探討另外一條路，即通過隸屬於市政府的企業打入世界市場，並以其的盈利來支持本城市的發展，例如新加坡的星展銀行、新加坡港務集團、淡馬錫投資公司等。事實上，深圳就有類似的案例：招商局集團管理的蛇口區，之所以有能力做到其成功的「前港－中區－後城」模式，一個因素就是其多個子公司，包括招商銀行、平安保險和招商局港口等在全國和全球市場獲得的收益，支持了其深圳本

土的發展。

　　上面列舉的一些微觀體制演變、相似政策設定或者跨境經營，都是促進港深兩地趨同發展的，而且並不影響一國兩制的基本環境。也有一些變化是反覆或者一時無法成功實施，卻對於兩地進一步融合十分關鍵的。

　　例如本書第八章討論到的跨境人員流動。長期以來，兩地人員流動是不對等的：只要有「回鄉證」的香港永久居民，都可以不限次數地返回內地，並有大批擁有香港身份的學齡兒童跨境居住和就學；相反，深圳人到香港，曾經一度可以獲得多次往返簽證，後來還是退回「每月四次」，之後又更進一步收緊到每週一次，即不可以一個月的四次訪港都在同一周內進行。作為旁觀者的我無從得知這種收緊跨境人員流通背後的真正原因：可能是因為某些旅遊團很誇張地率領內地訪客到香港居住社區去採購，引起香港社會的不滿。但這種旅遊團成員應該不是深圳人。同時，正如第八章所指出，香港引進內地專才的種種計劃，實施的情況遠不及期望。筆者同樣無從判斷，究竟是潛在的被引進對象無法得到相關信息，還是他們因為各種原因不想來港，還是香港內部控制名額太嚴或者標準太高。除非是有人刻意阻止內地專才來港，其他原因都並非政治上和意識形態造成的直接障礙，也就是說，如果信息流通是充分的（例如，讓潛在赴港專才獲得所需申報條件），或者各種具體安排是合理的（例如，避免遊客到訪居住區內的商場），人員根據市場需求更多流動是完全可能的。而無論是就業還是消費，增加跨境人流所帶來的要素流動，可以讓兩地的市場都更有效率，並提供了港深互相更深入了解的基礎。

　　需要更方便跨境流動的還有資金、信息和物品。目前，信息和資金的流通管制比對物品更嚴。資金流通領域的關鍵是存在「兩本賬」現象，即同一家公司或同一個人在內地和香港的賬戶之間的信息或者資

金不能流通。這其實與中國資本賬不開放，以及人民幣沒有成為國際貨幣之前，香港之所以可以作為國際金融中心並發揮中國其他城市無可替代的功能，是同一件事的兩個方面。上海自貿區曾經打算打通兩本賬，最終沒有嘗試成功，因為貨幣兌換自由，並不是一個自貿區範圍的事，而是一開全開。不過，貨幣、金融市場和信息流通一樣，並不是不可以實行某種有限度或者有管制的開放。例如，在香港股市實行人民幣和港幣平行的市場，就是等於通過某種中介，實現金融通。而貨幣交易，則可以採用限制每日交易額的方式。例如，香港支付寶是以香港銀行賬戶為本的，內地支付寶則掛靠內地銀行賬戶。類似的還有香港微信支付與內地微信支付系統。如果允許同一用戶的兩個支付寶或者兩個微信支付系統只需要認證一地的銀行戶口，就能做設有當日限額的轉賬或者支付，這樣，不能同時擁有兩地銀行戶口的個人就可以通過線上支付系統有效地跨境運作，也不會對金融系統造成不可控的風險。而這種運作，比目前在港陸之間實際運作中的「地下錢莊」的透明度高很多，只要在政府認可的銀行戶口基礎上運作，本質上與過境每人可帶小額度現金並無二致。

信息流動的自由度差異，主要取決於國家對包括政治、軍事、文化等方面信息的管制。簡言之，是一個流通範圍上的特定內容管制問題。這是有可能在某種監控下放開的方法。例如，可以在粵港澳大灣區試行一種在內地註冊的「公司信息卡號」。像公司的信用卡一樣，香港註冊的公司為該信息卡號的法律承責主體，該卡號提供一個合法的VPN環境，供持卡人在大灣區範圍內使用數據流量，進行公司除資金流動以外的相關業務，包括世界範圍內的信息查詢和交流。如果出現違反當地法律之行為，由公司及使用者共同承擔法律責任。

在貨品流通方面，類似信息流通，關鍵不在數量問題，而是選擇和標準問題。香港是世界上極少見對絕大多數貨品不收關稅、對大多

數貨品只有極小比例抽查檢驗的地區。但進出口的申報特別是對食品和藥物等，是非常嚴格的。同時對於海外進口的設備等基本沒有限制。在這方面與信息流通類似，深圳與香港不同：它並不是管制的主體。允許哪些貨品進口以及稅率水平都是由取決於國家的政策和法規。但隨着 RCEP 等傾向於更自由的國際範圍區域貿易協定的實施，這方面的變化比提高資金和信息流通度要樂觀得多。

人員、資金、信息和貨品的跨境流通度提高，一定會有利於港深兩地更深度的認知和市場效率，最終會影響未來兩制雙城的演進過程。本書第八章對過去 40 年這個兩個城市究竟經歷了哪些不同的主要演進過程做了總結。根據路徑依賴、地方依賴的理論和四類不同過程進一步演化的可能性，容我在這裏大膽地對深港「起承轉合」的未來機遇做一個探討，作為本書的收尾。

首先也是最重要的，是香港成為一個國際門戶城市、深圳成為一個經濟特區以來的演化進程表明，兩者雖然在地理位置上是緊鄰，甚至後者誕生在這裏就是因為前者的存在，但除了在 1980 年開始的二十幾年被稱為「前店後廠」的時期兩者有着不可分割的經濟共生關係以外，香港和深圳在最近的二十年逐漸走上了很不同的道路。香港的主業或者說角色回歸到了其最擅長的各個流通領域：貿易、金融服務（本質上就是錢的貿易）、物流與運輸、旅遊（文化交流）以及為流通提供的各種專業服務。雖然香港的經濟總量和其所提供的增值服務的總增長量在中國經濟總體中所佔比重大大下降，但其服務對象，則隨着中國對外開放逐步遍及全中國各地，而不再限於珠三角。同時，作為一個成熟的發達城市，其高等教育、醫療、社會服務等也日趨完善和先進，不過，由於對移民的限制和後工業化社會文明的影響，香港迅速進入了超老齡化社會。

在世界這個極其特殊的區域，形成了兩個人口特點、社會發展程

度、核心產業都全然不同但卻緊密相連並在很大程度上是相輔相成的大都市,不能不說是一個制度的奇跡。有鑒於此,今後兩制雙城的四種進程選擇,突變一定是不理想的,因為它會帶來巨大風險,特別是對於最近轉型成功、發展方向似乎相當確定的深圳。那麼則剩下了「複製」、「移植」和「擴展適應」這三種過程。從本書其他章節的分析可見,香港繼續其門戶及「超級聯絡人」的角色,深圳複製其強大的電子信息製造業是板上釘釘的事。相對已經進入緩慢發展的香港也不太可能接受新的有規模的「移植」,同時也沒有能力和可能將自身剩下的功能移植他鄉。因此,關鍵在於兩個城市各自或者一起會不會帶來某些擴展適應(Exaptation)的可能?如果有,是不是兩者之間合作的結果?

「擴展適應」應該有兩個前提,一個是內生動力和支撐,另一個是外部需求和認同。內生動力和支撐,是指深圳或香港,或兩個城市一起,有某些既有競爭力基礎,又有擴展可能的行業或者產業。外部需求和認同,指無論市場還是外部制度環境,都客觀上需要深圳或／和香港向這個新領域演化。以下是我認為港深合作下形成擴展適應的一個可能「劇本」(Scenario)。

11.2 未來演進的路向之一 —— 國際 OMO 專業與技術服務基地

OMO 是 online-merge-offline 的縮寫,常常用於電商行業,指線上線下的服務形成連動,最終形成所謂全渠道(Omnichannel)的商業模式。深圳是中國乃至世界最大的電子類消費品的研發、製造中心,而大灣區為其提供了完美的供應鏈環境。這裏生產的產品,從手機、無人機到充電裝置、無線耳機以及各種家用醫療保健、健身或電子煮食用具等,種類繁多。隨着中低檔產品轉移到成本更低的發展中國家

或者內地其他地區，深圳的產品不斷升級換代，逐漸走向中高端。人們對這些技術含量高而價格中檔的產品會有兩個不同於中低檔產品的要求，一個是售後服務，即對質量的保障和學會正確使用，包括網上DIY指導以及必要和快速的實體返修。另一個是產品個性化，即消費者希望可以根據自己的偏好，訂製產品或者服務，例如所購買電子產品各種螢幕顯示中的語種、可以與哪些其他產品或系統配套（比如配套蘋果電腦的鍵盤或者充電器）。上述兩類都是技術服務，而背後還有法律支持，比如如何取得蘋果電腦對其非標準零配件的認證，以及產品售往海外特定市場所需當地對該類產品的設計標準和使用規範的了解等。而實體貨品返修和快速空運返回，則是深圳的弱項，一方面，一進一出中國海關，成本高、時間長、手續繁瑣；另一方面，深圳機場的航線和航班的國際連接度不夠高。但這些都是在香港可以做到的。香港完全可能與深圳企業聯手，提供高效率、多語種、OMO全渠道的客戶服務。例如，亞洲市場的返修產品回到香港而不是深圳，深圳廠商的技術人員到香港，指導香港維修機構完成維修；又或者在香港的專業人才提供服務，實現按照他國特定規範（例如印尼語的軟件界面）完成訂製產品，再從深圳或香港發貨。

這種國際化的OMO服務，並不局限於個人消費品，也並不限於港深合作，也可以是香港與大灣區其他城市的合作。例如，有人提議，在廣州南沙港附近的保稅區設立以大灣區為服務範圍的「區域廚房」，向香港、澳門、廣州、深圳等大都市的高級餐廳或宴會場所提供網上訂購、當日或隔日送達的半成品冷鏈配送。技術上，這是完全可行的；經濟上，它利用大灣區核心地區最低廉的租金地點，同時實現規模化供應。需要的是制度上的突破，即各海關有創意的政策配合。另外，例如線上無邊界問診（即醫生和病人可以身處不同城市、不同地區或不同國家），現場實體到香港就醫，也是用OMO方式開拓香港醫療優勢

的一個渠道。

　　向這個方向「擴展應變」，除了根據香港和深圳現有的優勢產業（專業服務、供應鏈服務、全球交通可達度、電子產品製造和電商平台）、企業特點（中小企業多）和制度基礎（國際化標準及誠信度），另一個關鍵是「OMO」全渠道供應鏈服務正在成為一個世界大趨勢。而最終香港和深圳能否向這方面踏出創新的一步，需要幾方面的突破和配合：第一，技術人才跨境流通的自由度高，這一點新任特首李家超的新政已經有所突破，即除了放寬人才來港工作的限制，更發放大量通行證，讓需要來港交流但不一定是在港就業和居住的人隨時來港，這是很重要的一個微觀政策突破。這裏可以具體化經濟學者肖耿博士提出的「雙總部」概念：兩地政府從稅務制度和跨境便利方面鼓勵企業在深圳和香港分別註冊同一家公司，具體政策包括兩地政府平攤稅收，同時按照企業就業人數的某個百分比發放多次往返的跨境通行證，讓企業可以充分利用兩地的制度、行業和人才優勢。[2]

　　除了線下的「實體跨境」便利，政府也需要在線上支持業界將線下互相嵌入發展的企業與世界市場連接。香港相關的中小企業有良好的渠道獲得市場機會並提供優質服務；深圳則有大量轉產迅速的企業，他們可以迅速生產高性價比的民用科技新產品。這兩者的結合，需要政府、大型物流和電商企業的支持。政府可能的支持，包括建立一個線上平台，並通過貿發局或類似機構，在海外特別是亞洲國家推廣香港的這項服務；而大型電商平台企業如阿里巴巴和大型物流企業如菜鳥、嘉裏物流、順豐等，形成客戶與服務外包企業之間的實體物流和信息鏈接中介。以目前這些大型電商平台和物流企業已有的設施和網

2　〈專家倡港深建深度合作區：「雙總部」銜接「雙循環」〉，《香港商報網》，2022年 12 月 22 日。

絡能力，這些問題都不難解決，因為形成這種增值服務供應鏈是多贏局面。

　　事實上，**香港一直有大量的小規模專業服務**。例如各地病人特意到香港來看某些著名的專科醫生、東南亞電商退貨的中國內地產品送到香港來識別並翻新、世界級高檔二手紅酒的拍賣與售後服務、針對特殊市場的平面設計與訂製產品等。將這些看似毫不相關但都是由中小企業完成的活動放在一起考察，就會發現它們的幾個共性：(1) 需要專業人士處理每一件事，不論病人還是貨品；(2) 需要有名聲在外的市場信譽和口碑；(3) 有方便服務對象（包括人和物）往來香港的交通連接。這三點的背後，除了成熟的管理，還需要推廣。當世界進入了網絡時代以後，大規模的電商，例如亞馬遜、淘寶、Shoppee 等已經上升到跨境的區域服務，甚至跨洋的全球服務。**這種 OMO 的跨境服務的下一步，應該是多元、專業、個性化的服務從城市走向區域再走向世界**。這個過程需要三個重要的推廣步驟：第一步是建立一個信息共享的平台，並儘可能地將其推廣；第二步是樹立成功的榜樣和案例，讓潛在的客戶確信這種服務的質量和可靠性；第三，讓更多原來就很成功，但僅服務本地有限市場的、從未能通過線上方式推廣自己專長的企業登上這個統一的線上平台，進入區域和國際服務市場。因此，實現這個「劇本」需要一個好導演 —— 政府需要參與到設計一個 e-Merchandizing（線上商業推銷）的計劃中，將其變成城市營銷的一個重要內容。這個內容需要一個整體化的名稱來推廣 —— 國際 OMO 專業與技術服務中心。

　　深圳的前海深港現代服務業合作區的目標，是「建成基礎設施完備、聚集具有世界影響力的現代服務業企業，成為亞太地區重要的生產性服務業中心，世界服務貿易重要基地」。是不是「生產性」，是不是「現代」都不是關鍵。「現代」其實是一個過時的辭令，Modernization

是香港等四小龍追趕美國那個時代，以美國生活方式為模本的表述。今天已經是高度全球化、高度網絡化和個性化的世界，「現代」與否並不是關鍵。「生產性服務」英文原意是 Producer Servicers。今天的世界，隨着消費者越來越主導貿易過程，服務是為生產者還是為消費者已經開始模糊。同時，產品本身就可能是服務，比如軟件即服務 SaaS (Software as a Service)、平台即服務 (PaaS：Platform as a Service) 和基礎設施即服務 IaaS (Infrastructure as a Service)。它們不僅等同於產品，而且可以與用戶在空間上分離使用。前海有能力成為提供這些服務的基地，成為港深國際 OMO 專業與技術服務中心的一個關鍵組成部分。

提高大灣區的競爭力，核心是與世界接軌，並同步或者帶領世界發展潮流。這股潮流不是現代與否，而是可持續發展，即自己的發展是可持續的，既講效率、講公平和講環保，又支持全球可持續發展。而兩個城市以自己各自的優勢合成這個服務中心或者基地，恰恰體現了以先進技術及 OMO 方式的服務，領導多贏的可持續進程。

11.3　香港具有新奇性的「突變」機會在於金融創新

上面的總結一直集中在香港和深圳兩地擁有特殊的「比較環境」本身如何演變，而且從討論和分析中有一件事越來越清晰，就是「一國兩制」的存在和延續，對香港、深圳乃至國家的發展都是有利的。因為它一方面保持着兩個城市的差異化發展的基礎，更重要的是，它是中國放在非中國式經濟和法律體系中的一粒棋子，這對於中國融入世界非常重要。如果這個模式不需要變，那麼在可以預見的未來，在這裏還有甚麼新奇性的新事象（見第二章點討論和定義）會在甚麼地方出現呢？也許是金融創新。

過去數年，美國不斷通過「量化寬鬆」政策，將美國的經濟危機通過超量的印製和發行美鈔而轉嫁到世界。而超高的美國國債已經讓全世界警惕美元的「普世價值」。雖然各國仍然活在美元作為世界最強國際貨幣的世界，但出於對美國經濟的擔憂，客觀上正在形成「去美元化」的局面。一些誇張的說法，認為因為中美地緣政治關係緊張，中國正在試圖以人民幣國際化來推動「去美元化」，甚至把香港看成這一「戰略」的實施地點。事實上，人民幣能否國際化與目前的去美元化是兩碼事。人民幣是否可以走出中國，取決於兩個重要因素。第一，中國的金融制度是否有能力承受國際自由流通的人民幣帶來的衝擊？這取決於中國國內政治、經濟、金融制度的成熟，路還很長；第二，其他國家建立在交換價值上持有人民幣的信心。近來出現的所謂「本幣貿易」只是顯示對美元的不放心，並不能確認任何其他貨幣包括人民幣的優勢。一個貨幣能否在國際間流通，成為交易中的優先選擇，還要看該貨幣本身的購買力和流通程度。

　　然而，在這個去美元化的進程中，還有另外一個關鍵要素，就是貨幣數字化。美元、歐元、人民幣、英鎊等都可以數字化。數字化貨幣交易比較通過 SWIFT 完成的交易，至少有三個優勢：1）速度特別快，2）成本低很多，3）交易信息完全不需要提供給第三方。這三個優勢意味着，只要技術成熟，並有適當的政策環境和交易需求，貨幣流通和交易走向數字化／虛擬化只是時間問題。用哪一種貨幣完成交易或兌換，僅取決於買賣雙方的意願。另外，由於交易成本很低，速度又快，超過兩種貨幣的間接轉換也不是難事，關鍵還是需求和信用。因此，如果美元化的交易必須通過 SWIFT 系統完成，那麼非美元的數字貨幣交易就可能作為一個替代或者另類市場出現。這個市場背後需要有強大的貨幣和經濟實力支持，比如歐元、人民幣、日圓等，因為它們背後有對應的強大經濟體帶來的信用。但是，這並不是説數字歐元

的交易必需在歐盟區完成，數字人民幣交易必需在中國內地完成。最適合的地點，首先一定是最優秀的、有制度保障的金融市場。香港就是這樣一個地方。2019 年，由香港金融管理局牽頭，由中國內地、泰國、阿聯酋參與的「mBRIDGE」項目，就是旨在建立一個多國中央銀行數字貨幣平台。時至 2023 年，該項目已經得到 22 個民營銀行和投資機構的支持和成功試用。如果該項目最終成功推出，獲得世界認同，完全可以視為香港國際金融中心的一個「新奇性」「突變」。對香港、大灣區以致整個中國都只為重要。

然而，因為這種虛擬國際貨幣是否有足夠的需求，並不取決於香港，而取決於外部世界；同時，這類貨幣的流通的另一個基礎——信用，也取決於單一特大經濟體（如中國、美國）或區域經濟體（如歐盟、RCEP 等），而不取決於香港。因此香港在這件事上並不掌握主動權。也就是説，香港擁有了這種突破性的技術，也只是有一種產生新事象突破的條件。而最終可以成功突變，有賴於繼續保有這個突變的環境基礎——「一國兩制」和基本法保障下的普通法和成熟的、世界認可的金融體系。

11.4　增加相容性是港深合（作）而不同（城）的關鍵

我們還設想更多兩個城市一起「變異擴展」的可能選項，例如近年來熱議的、位於邊境兩側的河套科技園區，可能發展出的生物醫藥產業。這個香港政府決心大力支持的創科產業能否成功，還要看世界級企業對這個「比較環境」有沒有信心。對他們而言，除了有充分的信息和資金流動自由，更核心的是他們需要的人才是否願意在這裏工作與生活。因此，無論是深圳還是香港，僅僅考慮給企業某種甜頭來吸引他們，已經不足以解決問題。

不過，在本書的結尾，容我回到對這兩個城市共同演化分析的一個重要理論基點和兩個重要的分析結果。這個理論基點就是，演化論認為，事物（這裏指城市）未來的發展存在「路徑依賴」、「空間依賴」、「制度依賴」，因此才會有四種不同的演進過程，包括突變的可能性。因此，從邏輯上不能否定任何可能性。也就是説，最可能的事也有不會發生的機會。換句話，這種理論更相信既有條件的約束性和它所包含的演變可能，但並不應期待它直接給出很具體的方案。

　　對於這兩個城市過去演化分析的兩個重要結論是：（1）無論是從人口結構、社會發展水平、還是產業特徵和優勢，香港和深圳雖然仍然對對方有一定程度的依賴和很好的互補性，而且各自都取得了很大的成功，但都在繼續向着不同方向發展；（2）兩地所發生的「突變」和由此確立的「比較環境」都是由外部因素引起和決定的；即使是大量產業從香港北移的那個「移植」過程，也是因為外部因素變化導致的。

　　這兩個結論告訴我們：第一，不論從所謂市場或者自然演化過程還是從政府干預的角度，除非有與本地相關的國家和國際大勢的訴求，例如中央政府重新定位香港地位、甚至特區功能，或者全球政治經濟導致中國與其他國家關係發生重大變化（例如 19 世紀的鴉片戰爭），兩個城市不會改變自己發展的基本軌跡；第二，深港兩地繼續差異化發展，是必然的，因為兩地的制度環境、社會基礎、人口結構、產業優勢等方面的巨大差異。這種差異化的發展必然要求更好地利用對方的長處，即增加互補性。然而，這種互補性不應該導致「同城化」，因為這與第一個結論衝突，除非中央政府選擇或者國際形勢迫使香港進一步「內地化」或者決定將深圳「香港化」。這兩種突變都是至今為止沒有證實的。換言之，增強互補性的同時，保持「一國兩制」是兩個相鄰而又具有不同比較環境的城市，共進演化的最可能甚至

最合理路徑。

　　說最可能，是相對客觀的；說最合理，就有價值判斷在裏面。那我為甚麼說最合理？用「一國兩制」這個具開創性的制度設計，最重要的是香港這個特定的比較環境為國家帶來的巨大好處，而不是是否會引起香港社會的動盪。這個巨大好處有很多特定的方面，比如為中國服務的國際融資中心，再如充分的信息流通。過去幾十年，中國用了很多方法，試圖採用自貿區一類形式，逐步建立在香港實行了上百年的制度，但至今沒有取得真正的成功。一方面因為真正的國際金融中心所依賴的法律體系無法在那些自貿區真正實行，另一方面，作為一個封閉的資本市場，內地資金池是否與海外相通，並不是一個可以實驗的內容，而是不通則已，一通全通（All or Nothing）的閘口式選擇。此外，作為一個同時為海外各地和中國內地服務的「超級聯繫人」，香港是一個理想的交流介面或平台。如果將中國類比成為一個城市，香港就好比是這個城市的國際貨運機場：有一切為國際航班設定、為世界認可的規範和一流的服務，同時又以各種方式暢順地連接這個城市的各個角落，提供專項服務。

　　深圳的角色不同。如果把中國設想為一個城市，深圳更像在這個城市的國際機場附近一個運轉良好的區域製藥廠：一開始，因為其他城市的需求大，它製造的藥品會被運到其他城市；但隨着本地的需求越來越大，它開啟了「雙循環」功能——供應本市需求的同時供應其他地方。未來，隨着產品升級以及其他藥廠的競爭，深圳這個藥廠開始研製自己獨創產品和選擇服務對象。對於深圳而言，香港這個有國際貨運高聯通度的機場，能確保它將藥品迅速運往其他地方的同時獲得重要的原材料；對於香港而言，會盡一切努力服務好這個作為大客戶的鄰居，同時也努力以其特有的國際外聯航線的地位，服務這個城市的其他客戶。在這個比喻設想中，深圳和香港的互補互利是雙贏的，

但誰都不會想着去取代對方，儘管在一些技術細節上，比如倉儲應該放在藥廠還是放在機場會有不同的考量。

現實世界中，這兩個城市的關係當然比上述的比喻要更複雜，因為還有不同的政治制度、意識形態甚至自然環境和地理位置等方面的巨大差異。一國兩制不變，而且兩個城市在向着不同方向發展，兩地雙贏的就在於更高的互補性。提高互補性客觀上就是要增加兩地的人流、物流、信息流和金融流。本章前面討論了這四類流通的問題，增加這四種流動的基礎是增加兩地的相容性或者兼容度。因此說到底，一國兩制下港深雙城共進，**增加相容性或兼容度是合（作）而不同（城）中雙贏的關鍵**。這方面雖然已經有不少成功的案例，例如在深圳地鐵可以用香港鐵路的八達通儲值車票，在香港購物可以使用深圳銀行戶口為本的手機支付，但雙方城市政府、有跨境能力的企業以至更高層的政府相關部門可以做和應該做的事情還很多。讓我列舉幾項，作為本書的結尾：

1. 按照國際標準，實現粵港澳大灣區的空域管制一體化管理；通過統一制式、加密層次和增加通道，大幅度增加空域通過能力。這對港深以至於本地區最重要的對外聯通環節將帶來重大改善；

2. 深港需要大力合作，儘早利用區塊鏈這類的技術，增加企業管理、科技、商務的信息流和金融流的跨境自由度。這對香港和深圳各自極大化自己的特殊功能有很大的幫助。例如，在香港實現境外人民幣的區塊鏈管理，對發揮香港國際金融中心的功能，繞開 SWIFT 系統現存的限制，有關鍵意義。又如，允許在深圳的跨國企業在區塊鏈監管技術下實現跨境（人民幣）支付。需要這類技術的不僅僅是金融界，有監管

的放寬流通，是兩制雙城的市場需要。一方面增加雙方的互補性，另一方面強化各自的優勢。客觀上，這樣可以根據國家需要，形成某種雙城合力，讓內外兩個市場之間有可控的交流；

3. 總結現有兩地雙注冊企業和機構（例如香港中文大學、希瑪眼科集團等）的優勢和問題，兩地政府聯合推出特殊稅務和人員流動政策，鼓勵企業和機構跨境雙注冊，增加兩地產業、服務、商貿、金融等領域的跨境業務往來；

4. 政府主導、協會參與，推動兩地專業資格互認進程，條件成熟的儘快完成，條件不成熟的找出原因，完善條件。專業資格涉及的種類繁多，從醫生、律師、會計師到護士、各種工程專業資格等。雖說這是 CEPA 以來一直在做的事情，但廣泛性遠遠不夠。兩地的各種專業協會需要更積極地推動這方面的進程，因為雙方都存在某些專業人才短缺的情況。同時，完成了資格互認才能在法律上承認並有利於兩地雙注冊的企業和單位跨境調派人員和安排工作；

5. 兩地政府應充分利用現有的機構，例如公務員學院，制度化兩地政府各個對口部門的定期互訪，了解對方運作的情況，特別是與本城市不同的地方，提前找到必要合作時的相容辦法，提高兩地的協同治理能力。這一點對那些有跨境管理需求的部門尤其重要，比如環保、交通、海關、醫療衛生、教育、文化等。正如本書其他地方提到，人員交流是一個「真身 VPN」，它不僅可以增加兩地相應部門的了解，更可以有效避免各種社會或者官方渠道中錯誤信息的誤導。其實，不僅僅是運作方式存在差異，還有工作文化上的差異，這種差異相對隱形，不面對面地進行個案式的交流，不容易發覺。

因此制度化這類定期交流，從提高兩地相容性角度，是一個「性價比」很高的方法。

6. 逐步放寬深圳及大灣區普通居民訪港的次數。如果擔心對香港居民的滋擾，可以像歐美的一些城市那樣，劃定旅遊區和居住區，禁止旅行團隊到純居住區觀光。

後 記

　　自從 2017 年「粵港澳大灣區」這個概念變成「戰略規劃」、全球地緣政治、新冠疫情和香港出現的一系列政治事件以來，香港的「一國兩制」進入了 2.0 時代。香港特區政府提出了「北部都會區」的中長期發展策略，也是史無前例地把空間發展重心之一放在了北部邊境。同時，曾借力香港的深圳已經成長為近 2000 萬人口的超級大都市。這一切巨變都讓我這個在香港居住和工作超過 30 年、「香港北京人」背景的地理學者感到有一份責任，尋找一個新的角度，去解讀香港和深圳這個奇特的組合是如何走到今天這個樣子，因為這種解讀對釐清未來粵港澳大灣區發展的前景會有裨益。

　　有了這個動機和動力，並找到了「演化經濟地理學」的角度作為分析手段，我用了大約一年半的時間完成了這本書。在寫作過程中，我特別要感謝我在大灣區香港中心研究部同事們的大力協助，特別是李雪妍研究員的文字校對和資料整理。我寫作總是不夠細心，她在這方面嚴謹認真，成了此書的「質量管理員」。

　　在寫作過程中還請教了不少深圳有識之士，並得到他們的支持，其中包括深圳前副市長唐傑教授、中國城市規劃研究院深圳分院副院長朱榮遠、深圳規劃局前處長黃偉文、深圳運輸局前處長李川，與熟知深圳發展過程的多倫多大學建築學院院長杜鵑女士的面談也獲得不少啟發。香港方面，也得到了不少好友和專家的幫助和啟發，包括香港研究學院院長呂大樂教授、策劃了「北部都會區發展策略」的前規劃

署署長凌嘉勤。當然，致謝上述的各位，不等同於我書中的觀點與他們一致，拙作中的觀點與紕漏都一定是自己負責。非常感謝《灼見名家》總編文灼非先生幫助聯繫出版商，商務印書館總編毛永波先生、楊賀其編輯的寶貴意見及其他同仁更全力支持，使得本書得以及時出版。

書與文章不同，除了長度和覆蓋的內容多少以外，我認為一個重要的地方，就是更需要經得起時間的考驗。因此，我最大的期望，就是本書的讀者在讀過此書以後的多年，或者多年以後才讀到此書，都會了解到其中觀點、觀察或者分析的價值。

王緝憲

2023 年 5 月

記於香港中文大學家中